ALFABETIZAÇÃO DE ADULTOS

D951a Durante, Marta
 Alfabetização de adultos: leitura e produção de textos /Marta Durante. Porto Alegre : Artmed, 1998.
 120 p. : il. ; 23 cm.

 ISBN 978-85-7307-367-6

 1. Educação - Alfabetização - Adultos. I. Título.

 CDU 372.4-053.8

Catalogação na publicação: Mônica Ballejo Canto - CBR 10/1023

ALFABETIZAÇÃO DE ADULTOS

Leitura e Produção de Textos

Marta Durante

Licenciada em Pedagogia pela Pontifícia Universidade Católica de São Paulo.
Mestre em Educação – Supervisão e Currículo – pela PUC-SP.

Reimpressão 2009

1998

© Editora Artmed S.A., 1998

Capa: *Mário Röhnelt*

Preparação do original: *Norma Quintanilha Gomes*

Supervisão editorial: *Letícia Bispo de Lima*

Editoração eletrônica: *VS Digital*

Reservados todos os direitos de publicação, em língua portuguesa, à
ARTMED® EDITORA S.A.
Av. Jerônimo de Ornelas, 670 - Santana
90040-340 Porto Alegre RS
Fone (51) 3027-7000 Fax (51) 3027-7070

É proibida a duplicação ou reprodução deste volume, no todo ou em parte, sob quaisquer formas ou por quaisquer meios (eletrônico, mecânico, gravação, fotocópia, distribuição na Web e outros), sem permissão expressa da Editora.

SÃO PAULO
Av. Angélica, 1091 - Higienópolis
01227-100 São Paulo SP
Fone (11) 3665-1100 Fax (11) 3667-1333

SAC 0800 703-3444

IMPRESSO NO BRASIL
PRINTED IN BRAZIL

*Aos que acreditam e defendem
o direito à educação para todos.*

Prefácio

A educação de jovens e adultos no Brasil tem sido construída por dois tipos de movimentos. O primeiro deles é constituído pelo próprio grupo demandatário dessa educação, aqueles que não tiveram a oportunidade de passar por processos de escolarização regulares. São milhões de brasileiros que nunca estudaram ou estudaram pouco, impedidos de participarem no mundo letrado de forma competente, excluídos de processos mais amplos de participação social. Demandam um direito, demandam a responsabilidade da sociedade por algo que não tiveram acesso, não por vontade própria, mas por não encontrarem condições sociais para realizar esse direito.

O outro movimento é o dos educadores de jovens e adultos. É formado por um conjunto de atores sociais – pessoas, grupos, movimentos, órgãos públicos e privados – que se dedicam a enfrentar essa demanda social. Não é um movimento articulado nas suas práticas e nas suas concepções. Mas é um movimento articulado na vontade política de corrigir uma injustiça social.

Estes dois caminhos, o da demanda e o da oferta, têm produzido uma infinidade de experiências que vêm constituindo a história da educação de jovens e adultos no Brasil.

É uma história descontínua no tempo e no espaço, algumas vezes influenciada pelo poder público, outras vezes pelo movimento social, outras ainda por pequenas e significativas experiências. Os ideários muitas vezes podem ser opostos, as práticas contraditórias, os efeitos díspares, em um caminhar desarticulado que se nutre das ações uns dos outros. É um permanente recomeçar, produzido por novos desafios e por novas e antigas orientações.

Apesar disso, frente a esse universo multifacetado de práticas educativas, podemos distinguir alguns caminhos deitados em leitos mais profundos que vão dando cores, feições e personalidades aos destinos da educação de adultos. Assim foi com o movimento de educação popular que teve em Paulo Freire sua significativa fonte inspiradora. Assim foram as grandes campanhas alfabetizadoras que mostraram limites e possibilidades em governos conservadores e revolucionários. Assim foram as experiências formais de escolarização de jovens e adultos produzidas pelos sistemas público e privado de ensino. Todas elas permanecem como matrizes para novas experiências que se vão constituindo.

No plano teórico, as dificuldades não são menores. Como consequência da pouca valorização social que os programas de educação de jovens e adultos têm, as instituições encarregadas da produção de conhecimentos acabam por marginalizá-los nas suas análises. Os educadores de adultos, por esse motivo, contam com um reduzido aparato teórico próprio do seu campo de atuação. Normalmente se veem na condição de ter de se alimentar do universo teórico que orienta a educação infantil, buscando adaptá-lo ao campo da educação de jovens e adultos, ou, por outro lado, tentar produzir um campo teórico próprio, a partir da prática, com reconhecíveis limitações para sua universalização.

O trabalho de Marta Durante deve ser analisado neste contexto. Uma experiência localizada, entre instituições da sociedade civil, produzida com o apoio de uma fundação norte-americana, voltada aos setores populares – trabalhadores sem escolarização da construção civil – cujo acompanhamento, sistematização e análise, transforma-se em dissertação de mestrado, visando a alimentar o campo teórico e metodológico dos que trabalham com a educação de jovens e adultos.

Assentado sobre a tradição freiriana, que reconhece o universo cultural e a experiência do educando em processos educativos, bem como o sentido social e político da educação, o trabalho incorpora o já vasto campo de investigações que vêm ocorrendo para a educação regular, com base na Psicologia, em sua abordagem sociointeracionista, para o campo da educação de jovens e adultos. Seu trabalho está voltado para a utilização do texto no processo de ensino e de aprendizagem da Língua Portuguesa, visando ao desenvolvimento do alfabetismo de jovens e adultos, entendendo este processo como prática social e localizada culturalmente.

O trabalho de Marta toma nas mãos o desafio de unir um corpo teorico com o universo da experiência de acompanhamento de um projeto de alfabetização, resultando em indicadores e resultados significativos, através de exemplos úteis dos procedimentos adotados. Comprometida com o uso social da leitura e da escrita, a experiência aponta para o fato de que mais do aprendizado de uma técnica, o educando desenvolve processos de reflexão sobre a sua utilização, rompendo com a dicotomia entre ganhos de consciência e as formas mecânicas de ler e aprender.

Sua contribuição localiza-se no crescente universo de pesquisas que procura unir as tendências mais recentes que vêm orientando o universo da educação regular com o campo da educação de adultos, produzindo novos conhecimentos, e que gradativamente vai se configurando em um novo leito com cor, feição e personalidade. O volume de trabalhos é crescente e o tempo dirá sobre sua validade. No caminho, a história vai sendo contada por essas experiências concretas, com evidentes resultados, instrumentos úteis de educadores dedicados a contribuir com o seu trabalho técnico-pedagógico ao desafio político de corrigir uma injustiça social.

Sérgio Haddad

Sumário

Introdução, *13*

Capítulo 1- A Concepção de Educação de Jovens e Adultos, *15*

    Desenvolvimento e aprendizagem de jovens e adultos não alfabetizados ou pouco escolarizados, *15*

    Os efeitos da alfabetização/escolarização no processo de desenvolvimento cognitivo, *22*

    O ensino e a aprendizagem da Língua Portuguesa, *28*

        Conteúdos relacionados a fatos, *36*

        Conteúdos relacionados a conceitos e princípios, *37*

        Conteúdos relacionados a procedimentos, *38*

        Conteúdos relacionados a atitudes, normas e valores, *40*

Capítulo 2 — Educação Possível, *45*

    Alunos trabalhadores, *45*

    Retratos em recortes, *49*

        Objetivo, *49*

        Conteúdos, *51*

        Princípios norteadores do processo de ensino e aprendizagem significativo, *57*

        A educadora em formação, *104*

        Construindo um novo modelo de ensino e aprendizagem, *105*

Considerações Finais, *106*

Referências, *111*

Introdução

A alfabetização de jovens e adultos é um campo complexo porque envolve questões além do educacional, relacionadas à situação de desigualdade socioeconômica em que se encontra grande parte da população do nosso país.

Mudar esse quadro de desigualdade não significa simplesmente oferecer uma educação de qualidade. Esta tem de estar vinculada a mudanças na qualidade de vida (social, econômica, política e cultural) da população brasileira.

É preciso investir no campo específico da educação, tendo consciência de seus limites e acreditando que pode contribuir para a formação de cidadãos autônomos e críticos para realizar mudanças mais amplas.

No setor educacional, colocam-se questões relevantes: concepção de desenvolvimento de adultos; relação entre aprendizagem e desenvolvimento cognitivo; concepção de alfabetização; escassez de subsídios metodológicos para educação de jovens e adultos e falta de profissionais especializados.

Este livro aponta a viabilidade de uma prática de educação de adultos[1] que considera o texto como unidade básica do processo de ensino e aprendizagem da Língua Portuguesa[2]. Através da articulação de várias teorias mostra que o desenvolvimento cognitivo tem continuidade na fase adulta. A prática docente com adultos não alfabetizados ou pouco escolarizados da construção civil evidencia a necessidade de uma organização curricular que considere o texto de uso social como principal recurso. Este livro está organizado em dois capítulos. O primeiro discute o desenvolvimento e aprendizagens de jovens e adultos, os efeitos da escolarização no processo de desenvolvimento e a concepção sobre processo de ensino e aprendizagem da língua escrita.

O segundo capítulo caracteriza o grupo, a prática realizada, a partir do projeto curricular (objetivos, conteúdos, princípios norteadores e situações de aprendizagem) e a análise da relação educadora e educandos no processo.

---

[1] Resultado do Projeto de Educação de Adultos no canteiro de obras do SESC Vila Mariana. Parceria da Fundação Kellogg. Centro de Estudos da Escola da Vila e Método Engenharia S.A. Este é parte integrante de um projeto mais amplo: "Projeto de Formação de Educadores de Jovens e Adultos de Escolas e Empresas", mantido pela Fundação Kellogg em parceria com o Centro de Estudos da Escola da Vila e coordenado por Marta Durante.

[2] A organização curricular do projeto, contemplou também o ensino e a aprendizagem de Matemática, Ciências Sociais e Naturais.

1
A Concepção de Educação de Jovens e Adultos

Desenvolvimento e aprendizagem de jovens e adultos não alfabetizados ou pouco escolarizados

Nas últimas décadas, a tendência das práticas pedagógicas tem sido utilizar a Psicologia para a compreensão dos processos de aprendizagem, uma vez que a educação escolar é compreendida como promotora de desenvolvimento cognitivo.

A discussão sobre a relação entre desenvolvimento e aprendizagem tem sido intensa e contínua, refletindo visões diferenciadas. Uma delas entende a escola como a instituição mais importante ou única para o desenvolvimento de formas mais elaboradas de pensamento, pressupondo que os indivíduos que não tiveram acesso à escola se mostram deficitários no processo de desenvolvimento cognitivo.

Vygotsky estuda as funções psicológicas superiores (pensamento abstrato, raciocínio dedutivo, capacidade de planejamento, atenção, lembrança voluntária, memorização ativa, controle consciente do comportamento, etc.). Em sua abordagem sócio-histórica (ou sociointeracionista), os mecanismos psicológicos mais sofisticados não são inatos, originam-se e se desenvolvem na relação entre os indivíduos em um contexto sócio-histórico. As relações do homem com o mundo são fundamentalmente relações mediadas por instrumentos e signos.

O ser humano, desde que nasce, está em interação com seu grupo social, inserido em uma determinada cultura. Essa interação permanente está carregada de instrumentos e signos de que o indivíduo vai se apropriando, através de processos de internalização.

Na ontogênese, as relações mediadas predominam sobre as relações diretas, que sofrem transformações no decorrer do desenvolvimento do indivíduo, tornando-se relações mediadas.

Segundo Vygotsky (1989), o homem, em sua ação, cria instrumentos e signos para transformar a natureza e a si mesmo, construindo a cultura. "O signo age como um instrumento da atividade psicológica de maneira análoga ao papel de um instrumento no trabalho" (p.59-60).

O instrumento exerce a função social de mediador do homem com o meio e controle de suas ações. Já os signos são "instrumentos psicológicos", marcas externas, símbolos, representações, que auxiliam os processos internos.

O processo de mediação tem caráter histórico-social. Funciona como um processo de aproximação da cultura e meio pelo qual o indivíduo transforma a cultura e o social. O indivíduo utiliza signos, mesmo antes de refletir sobre eles (utiliza a linguagem para se comunicar, mesmo antes de conseguir refletir sobre ela), quando reflete, transforma-a.

Para Vygotsky, o desenvolvimento das funções tipicamente humanas está pautado no processo de interação do indivíduo com o mundo (com suas dimensões históricas e sociais) por sistemas simbólicos construídos socialmente.

O aprendizado através de interações com o meio físico, social e histórico possibilita o desenvolvimento de processos internos. Os diferentes contextos sociais e as possibilidades de interações propiciam processos diferenciados de aprendizagem, conhecimentos e formas de pensamento.

O desenvolvimento e aprendizado são processos distintos, que interagem na medida em que o aprendizado, fruto da interação social, é internalizado e organizado, estimulando processos internos de desenvolvimento. O processo de desenvolvimento progride de forma mais lenta e após o aprendizado.

O aprendizado é fundamental para o processo de desenvolvimento cognitivo. Em parte, o desenvolvimento, nas fases iniciais da vida, *é* determinado pelo processo de maturação do organismo.

Existe distinção entre o inato e o adquirido na evolução da espécie humana. "O que é inato nas crianças de nossa espécie, atualmente, assim o é porque foi adquirido em algum momento da filogênese; provavelmente essa aquisição foi tão importante que acabou ficando gravada nos genes da espécie. Por outro lado, um determinado indivíduo adquire algo por ter instrumentos inatos para realizar a aquisição" (Palacios, 1995, p.18).

O código genético possui conteúdos fechados e conteúdos abertos (Palacios, 1995, *apud* Jacob, 1970). Os conteúdos fechados são os que nos definem como membros da espécie e não se alteram pela experiência individual, mas pelo processo de evolução filogenética (a longo prazo). São os conteúdos concretos (localização dos olhos, do nariz, mudanças físicas na puberdade, na velhice, etc.).

Os componentes abertos do código genético estão relacionados com possibilidades de aquisição e desenvolvimento, adquiridas em função da evolução da espécie em sua filogênese. "Tais possibilidades existem graças ao que foi estabelecido na parte fechada do código, mas encontram-se aí não como conteúdos, senão como potencialidades" (Palacios, 1995, p.19).

A aquisição da linguagem na espécie humana faz parte do processo de evolução filogenética das partes fechadas do código genético, como uma possibilidade de desenvolvimento.

Essa parte fechada tem um "calendário maturativo" que permite o desenvolvimento e uso de potencialidades dos componentes abertos.

O "calendário maturativo" está relacionado com a fase inicial de vida (primeira infância). Investigações transculturais realizadas com crianças de contextos diferenciados apontam que, enquanto bebês, o calendário de desenvolvimento psicológico é semelhante entre indivíduos de contextos diferenciados. Quanto mais se afastam da primeira infância, as diferenças nesse calendário vão ocorrendo em função das diferenças culturais em que estão inseridos. Conclui-se que os seres humanos são mais semelhantes quanto menores forem e que as diferenças (quanto mais se distanciam da primeira infância) não podem ser atribuídas ao potencial psicológico. As diferenças se acentuam a partir de diferentes processos de aprendizado e, por consequência, de desenvolvimento das potencialidades.

"Podemos, pois, afirmar que os processos psicológicos são possibilitados pelos genes que nos definem como membros da espécie, sendo limitados por um determinado calendário maturativo que determina o momento em que certas aquisições são possíveis e são finalmente determinados em sua realização pelas interações da pessoa com o seu meio" (Palacios, 1995, p.19).

Na fase inicial da vida, há um suporte de desenvolvimento biológico (filogenético), mas são os processos de aprendizagem na relação sociocultural, estabelecida através de instrumentos de mediação, que irão possibilitar o desenvolvimento das funções mais complexas (controle consciente do comportamento, ação intencional planejada, pensamento abstrato, etc.).

O desenvolvimento cognitivo é fruto do aprendizado do indivíduo, decorrente da interação com o meio sociocultural, através de processo de mediação. O processo de interação é condição *sino qua non* para o funcionamento da sociedade.

Tal concepção leva à reconfiguração do desenvolvimento na fase adulta. A Psicologia do Desenvolvimento tende a estabelecer que os processos de desenvolvimento psicológico ocorrem nas fases da infância e adolescência. A fase adulta é compreendida como uma fase de estabilidade psicológica, com ausência de mudanças e um processo de decadência. Como explicita Palacios (1995), só no final dos anos 70 deste século, os estudiosos ampliaram a compreensão do processo de desenvolvimento para além da adolescência, considerando a idade adulta e a velhice fases que comportam mudanças no processo de desenvolvimento psicológico. Sendo a idade adulta passível de mudanças e processos de adaptações, não podemos entendê-la como fase estável nem classificar os adultos pouco escolarizados dentro de níveis estáveis e fechados de desenvolvimento psicológico.

Como explicita Palacios (1995), os processos de desenvolvimento estão relacionados a três grandes fatores: etapa da vida; circunstâncias culturais, históricas e sociais de sua existência e experiências particulares de cada um, não generalizáveis para outras pessoas.

Considerar esses aspectos é fundamental para o trabalho com o adulto não alfabetizado ou pouco escolarizado. Suas experiências e circunstâncias culturais, históricas e sociais propiciam situações de aprendizagem, promovendo o desenvolvimento psicológico. Em grupos de uma mesma cultura letrada em que os indivíduos estabelecem relações distintas não se pode classificá-los em melhores e piores.

É preciso considerar a idade adulta não como fase estável e sem transformações psicológicas, mas de continuidade de desenvolvimento psicológico. O desenvolvimento não é um processo inato e universal determinado pela maturação e pelo acesso à escolarização, mas decorrente da aprendizagem mediada pela interação do indivíduo com o seu contexto social (outros indivíduos e sistemas simbólicos construídos socialmente). O conhecimento resulta de processos de interação em diferentes contextos sociais e não de diferentes potenciais cognitivos.

O homem é um ser que gera, transmite e transforma cultura. Não só um produto do seu meio, mas um ser criador e transformador desse meio.

O desenvolvimento e a aprendizagem estão diretamente relacionados à experiência no coletivo. A aprendizagem e o saber de um grupo social são frutos da atividade cognitiva das gerações precedentes e da possibilidade de interação com o conhecimento construído. A interação com o conhecimento construído é o ponto-chave para reflexão sobre o desenvolvimento e aprendizagem de adultos não alfabetizados ou pouco escolarizados.

O etnólogo francês Vellard, em uma tentativa de contato com os guayaquils (tribo primitiva do Paraguai, de difícil contato, hábitos nômades e com linguagem bem primitiva), encontrou uma criança de dois anos num acampamento abandonado. Tendo sua mãe cuidado da criança, ela se tornou, 20 anos após, em 1958, uma etnógrafa com domínio de três línguas (Francês, Espanhol e Português). Em nada se distinguia das europeias em desenvolvimento intelectual (Leontiev, 1978, p.266-7).

A interação social com a comunidade cultural francesa possibilitou à criança a aprendizagem/desenvolvimento. O exemplo comprova que as características de uma cultura são aprendidas e desenvolvidas no processo de interação com os conhecimentos dessa cultura e não transmitidas por hereditariedade biológica, o que coloca a questão da qualidade de interação.

É a partir dessa "qualidade de interação" que se devem orientar as práticas pedagógicas, sobretudo com adultos não alfabetizados ou pouco escolarizados, considerando que estes têm potencial para aprender e se desenvolver cognitivamente.

Os adultos não alfabetizados, da nossa sociedade letrada, não desconhecem o sistema da escrita e sua função. Ferreiro e equipe realizaram pesquisa, em 1983, intitulada "Los adultos no alfabetizados y sus conceptualizaciones del sistema de escritura", com adultos da cidade do México, propondo-se responder à questão: Qual o conhecimento dos adultos pré-alfabetizados sobre o sistema da escrita?

A pergunta traz em seu bojo nova concepção do conhecimento do adulto não alfabetizado, que, mesmo não tendo passado pelo processo normal de escolarização, tem uma concepção do sistema da escrita.

Os dados mostraram semelhanças e diferenças entre a concepção da escrita em adultos e crianças não alfabetizados (Ferreiro & Teberosky, 1985).

Os adultos, como as crianças, apresentam o critério de quantidade mínima e de variedade interna de letras. A pesquisa realizada com os adultos não alfabetizados demonstrou que um texto, para ser lido e escrito, necessita de uma certa quantidade mínima de letras (duas ou três letras). Para que um texto possa ser lido, a letra não pode ser repetida várias vezes.

Os adultos apresentam dificuldades parecidas com as das crianças para lidar com o todo e as partes das palavras. Aceitam que as partes da palavra escrita têm relação com a pauta sonora das palavras, apresentam uma análise silábica, utilizando uma letra para cada sílaba da palavra, não apresentam dificuldades em dividir as palavras em segmentos, porém, em relacioná-los com as partes escritas das palavras em relação ao início, meio e fim.

Como as crianças, manifestam similar distinção entre "o que está escrito" e "o que se pode ler". A maioria dos adultos investigados acreditam que os verbos e substantivos estão escritos, porém não os artigos.

Os adultos não apresentam os níveis primitivos de concepção do sistema da escrita como as crianças (utilizar-se de desenhos para produzir escrita ou criar outras letras que não as usadas convencionalmente, etc.). Suas produções de escrita correspondem às das crianças não alfabetizadas (escrita pré-silábica, escrita silábica, escrita silábico-alfabética e escrita alfabética).

Em geral, apresentam resistência a escrever a partir dos conhecimentos que possuem do sistema da escrita, decorrentes da própria condição de adulto e da compreensão que têm da função da língua escrita, o que ocorre menos com as crianças.

Os adultos têm compreensão da importância das segmentações dos textos, pouco frequente nas crianças pré-alfabetizadas, e se empenham em estabelecer sua correspondência com as partes do enunciado.

Têm maior compreensão das funções sociais da língua, apresentando antecipações significativas e pertinentes para os textos de uso social, o que torna mais fácil chegar ao que diz o texto. Isso é fruto do conhecimento que têm da função social da escrita e por considerarem o contexto do texto, para realizar as antecipações.

Os adultos distinguem claramente entre a escrita gráfica dos números e as grafias das letras e utilizam o cálculo mental com maior domínio do que as crianças pré-alfabetizadas. Para eles, os números não podem ser lidos, mas contados, pronunciados e calculados.

Tais semelhanças e diferenças de concepções sobre o sistema da escrita são decorrentes das condições de vida adulta. Não são processos lineares, mas determinadas pelas possibilidades diferenciadas de interação com a língua escrita.

Muitos conhecimentos já foram conquistados por esses adultos não escolarizados, o que deve ser levado em conta pelas propostas de educação.

Os efeitos da alfabetização/escolarização no processo de desenvolvimento cognitivo

Segundo Lima (1993), as pesquisas sobre escolaridade e desenvolvimento, nas duas últimas décadas, têm seguido rumos diferentes. Alguns autores que relacionam desenvolvimento com aprendizagem entendem que a escolarização formal é condição necessária para o desenvolvimento de formas mais elaboradas de pensamento, levando a concluir que grupos que não têm acesso à escolarização são intelectualmente inferiores. Outros entendem que o desenvolvimento é pré-requisito para a aprendizagem e que as capacidades cognitivas de abstração e raciocínio lógico são universais e independentes da escolarização formal.

Outros defendem que a alfabetização é pré-requisito para o desenvolvimento do pensamento lógico-formal e abstrato. O que remete ao mito da alfabetização, com poder primordial para as conquistas do pensamento lógico abstrato, considerando grupos iletrados, em sociedades letradas, como indivíduos deficitários no desenvolvimento de formas elaboradas de pensamento. Outros, ainda, entendem que a aquisição da leitura e escrita está relacionada com a aprendizagem de habilidades específicas, que não influem necessariamente no processo de desenvolvimento cognitivo.

A investigação realizada por Luria e colaboradores tem sido muito utilizada para a análise dos efeitos da escolarização e aquisição da escrita no desenvolvimento cognitivo.

O objetivo da pesquisa, como define Luria, era identificar as consequências da mudança social e tecnológica no processo de pensamento em adultos. A pesquisa foi realizada no início da década de 30 com moradores de aldeias do Uzbequistão e de Khirgisia, na Ásia Central. Os primeiros tinham sua economia baseada na plantação de algodão e os outros, na pecuária. A religião islâmica exerce grande influência sobre a população, determinando o isolamento das mulheres da vida da sociedade. O período em que foram realizadas as observações era de transição em função da Revolução de 1917. Era o início da coletivização da agricultura, de mudanças socioeconômicas e emancipação das mulheres. Nenhuma população observada tinha recebido educação superior.

Nos vários tipos de tarefas cognitivas utilizadas na investigação, os resultados apontaram: os indivíduos que tinham passado por algum processo de instrução e se envolvido nas formas de trabalho das fazendas coletivas tendiam a utilizar categorias abstratas nas resoluções das tarefas, independentemente da experiência do seu contexto concreto (denominado por Luria pensamento categorial); em contraposição, os indivíduos não escolarizados e que permaneciam desenvolvendo trabalhos de agricultura tradicional tendiam a resolver as tarefas influenciados pelos contextos das experiências de vida e relações concretas dos elementos usados na prática.

"Em todos os casos constatamos que mudanças nas formas da atividade prática, e especialmente aquela reorganização da atividade baseada na educação formal, produziram mudanças qualitativas nos processos de pensamento dos indivíduos estudados. Além disso, fomos capazes de definir que mudanças básicas na organização do pensamento podem ocorrer num tempo relativamente curto quando existem mudanças suficientemente radicais nas circunstâncias sócio-históricas, como aquelas que ocorreram após a Revolução de 1917" (Luria, 1992, p.84-5).

A investigação não remete apenas à influência do processo de instrução (escolarização e alfabetização), explicita um processo de transformação da estrutura social (mudanças no sistema político, na organização social e participação política). Os indivíduos que utilizaram estratégias categoriais na resolução das tarefas propostas, além de terem recebido algum tipo de instrução, participaram das discussões coletivas sobre assuntos sociais vitais. Não podemos afirmar que as mudanças nos conteúdos e formas de pensamento desses adultos estão relacionadas apenas ao processo de educação (alfabetização/ escolarização).

Lima registra que a investigação de Luria e colaboradores tem sido entendida como um parâmetro teórico para comprovação dos efeitos da escolarização no desenvolvimento cognitivo. Todavia, ressalva: "Ao longo do trabalho, fica claro que o objetivo do projeto é relacionar o desenvolvimento da estrutura da atividade cognitiva a transformações sociais, numa tentativa de observar empiricamente o momento de transformações societárias" (1993, p.9).

Para Tolchinsky, "nem Luria nem ninguém pode afirmar que as mudanças deveram-se apenas à aquisição da escrita" (1995, p.58). Para a autora, não é o uso da escrita em si que possibilita mudanças nas formas e conteúdos de pensamento, mas as possibilidades que a escrita desenvolve e as condições que propiciam esse desenvolvimento. Para corroborar sua afirmação, a autora utiliza o exemplo clássico da investigação de Scribner & Cole com a tribo Vai. A pesquisa permite a descaracterização da relação causa e efeito da alfabetização na mente dos indivíduos.

A aprendizagem da leitura e da escrita ocorre na instituição familiar e não na escola. Os resultados demonstraram que os alfabetizados em Vai não possuíam pensamento mais abstrato que os não alfabetizados. Tolchinsky conclui que a escrita não influencia o desenvolvimento de capacidades cognitivas porque é uma alfabetização de escriba. É uma forma de escrita que não amplia novas formas de pensamento, novos conhecimentos nem possibilita formas alternativas. As funções sociais dos textos são definidas e restritas, são formas de comunicação cristalizadas por escrito, não cumprindo com algumas funções da linguagem escrita (compreender e transmitir novos conteúdos): "...não é a aquisição do sistema de escrita em si o que desenvolve o intelecto, mas seu uso na multiplicidade de funções. A escrita afeta nossa maneira de pensar nos processos de leitura, na interpretação, na discussão e na produção dos textos. E isso sucede fundamentalmente em situações nas quais diferentes propósitos vão delimitando as escolhas das formas linguísticas concorrentes" (1995, p. 59-60).

Para Oliveira (1992), qualquer que seja, a escola preserva como característica inerente o conhecimento, como objeto privilegiado da ação. É na escola, no processo de pensar sobre o próprio conhecimento, que o indivíduo aprende a se relacionar com o conhecimento descontextualizado, independentemente das suas relações com a vida imediata. Tal conhecimento pode ser constituído em outras instituições sociais, mas, em nossa sociedade letrada, a escola é a instituição privilegiada para essa função.

Kleiman (1995) analisa a prática social da escrita através da concepção de letramento. Segundo a autora, o conceito de letramento passa a ser utilizado nos meios acadêmicos com o intuito de separar os estudos sobre o impacto social da escrita dos estudos sobre alfabetização, que dão relevância às competências individuais no uso e prática da escrita. "Podemos definir hoje o letramento como um conjunto de práticas sociais que usam a escrita, enquanto sistema simbólico e enquanto tecnologia, em contextos específicos, para objetivos específicos" (p.19).

A alfabetização (domínio do sistema alfabético) constitui apenas um tipo de prática de letramento. Entendendo o letramento como um conjunto de práticas sociais que se utiliza da escrita, ampliam-se as agências de letramento para além da escola, abrangendo a família, a Igreja, o trabalho, as organizações populares, etc.

Kleiman (1995, p.21) explicita duas concepções de letramento: Modelo Autônomo de Letramento e Modelo Ideológico de Letramento, partindo da análise de Street[1]. O Modelo Autônomo pressupõe que só existe uma forma de desenvolver o letramento com consequência direta no progresso, na civilização e mobilidade social. Neste modelo, a escrita é compreendida como um produto completo em si mesmo, não exigindo relacionamento com o seu contexto para ser interpretada. Este modelo de letramento é regido pela lógica, com ênfase na relação entre a aquisição da escrita e o desenvolvimento cognitivo. Atribuem-se poderes e qualidades à escrita e aos povos que a possuem, em detrimento dos povos que não as possuem.

O Modelo Ideológico de Letramento pressupõe que as várias práticas de letramento são sociais e culturalmente determinadas. Os significados da escrita para um grupo social são determinados pelo contexto e pela instituição em que foi adquirida, ou seja, os significados estão relacionados à função e uso da escrita num determinado contexto.

Os aspectos das práticas de letramento não são determinados apenas pela cultura, mas também pelas estruturas de poder na sociedade. Esse modelo questiona as consequências sociais e cognitivas de letramento de caráter universal. "Para pensar nas práticas, precisamos conhecer as práticas discursivas de grandes grupos que se inserem precariamente nas sociedades letradas, particularmente as práticas de letramento de grupos não escolarizados" (Kleiman, 1995, p.57).

Ratto (apud Kleiman, 1995, p.267-89) analisa o processo de letramento do indivíduo na sua relação de trabalho. Não escolarizado nem alfabetizado, ele desempenha papel de letrado em função do uso que realiza da língua. Como representante sindical, vivencia no seu meio de trabalho a interação com vários tipos de discursos produzidos em diferentes situações de linguagem (discursos de empresários e de companheiros). Em

---

[1] Street, B.V. *Literacy in Theory and Practice.* Cambridge: Cambridge University Press, 1948.

função do papel social que desempenha, dita discursos à secretária, que se coloca como escriba. Utiliza modelos e a fala do outro, incorporando à sua oralidade a estrutura formal de um texto escrito com fins específicos (discurso letrado).

Para Ratto, a prática oral da linguagem escrita que provoca a transformação e o desenvolvimento de consciência linguística no indivíduo tem relação direta com a conscientização de seu papel político dentro da sociedade. Mesmo não tendo o domínio do código da escrita, ele possui características de pensamento letrado, fruto do seu desenvolvimento, decorrente dos processos de mediação propiciados pela interação com o meio e a função que a língua tem para ele dentro do seu contexto.

A alfabetização e a escolarização são apenas alguns dos tipos de práticas de letramento e o processo de interação com o contexto social é um dos fatores determinantes para o processo de aprendizagem, desenvolvimento e letramento.

Não se pode manter os grupos iletrados limitados à prática discursiva ou ao uso da língua contextual. "No fundo, isso tem a ver com a passagem do conhecimento, do nível do "saber de experiência feito", senso comum, para o conhecimento resultante de procedimentos cognoscíveis. E fazer essa superação é um direito que as classes populares têm" (Freire, 1992, p.84).

Não se pode entender a alfabetização e letramento como um processo de poucas consequências cognitivas. Nem tampouco aceitar o mito da alfabetização que não atribui aos grupos não alfabetizados capacidade de desenvolvimento de formas elaboradas de pensamento.

As mudanças cognitivas estão menos relacionadas com a escrita em si e muito mais com o uso dado à escrita nas suas funções e contextos diferenciados. E esse uso da linguagem pode estar presente em indivíduos não alfabetizados que estão em contato com o uso letrado da língua. Mais do que ter acesso à linguagem é necessário que o indivíduo tenha acesso ao modo de pensar e refletir sobre a linguagem nas suas múltiplas funções de uso.

O processo de letramento tem de considerar a sua dimensão social, o significado que a escrita tem para determinado grupo social e em que tipo de instituição foi adquirida. As mudanças pretendidas através do processo de letramento visam à formação de um indivíduo consciente, crítico e transformador, que participe do poder da língua escrita na sociedade letrada.

O ensino e a aprendizagem da Língua Portuguesa

Concebendo os adultos pouco escolarizados como indivíduos ativos e cognoscentes, em interação com o mundo letrado ao seu redor, criando recursos diversos de interpretação, para lidar com as representações da língua, torna-se realmente impossível considerá-los analfabetos. De formas variadas, todos possuem conhecimentos sobre a escrita como representação da língua.

As investigações sobre o processo de desenvolvimento e aprendizagem mostram que adultos não alfabetizados possuem conhecimentos sobre a escrita e sua função, mesmo sem passarem por um processo de escolarização, apresentando, às vezes, na linguagem oral características da linguagem escrita (discurso letrado).

É através do processo de interação com a sociedade letrada que adultos pouco escolarizados podem produzir e reconhecer o sistema de escrita e os diferentes tipos de textos.

No processo de alfabetização, durante muito tempo, acreditou-se que os educandos deveriam primeiro aprender as letras, saber juntá-las, relacioná-las com as pautas sonoras, saber a pontuação, as regras de gramática, etc. Só depois conseguiriam lidar com a linguagem escrita. Nessa perspectiva, o ensino da leitura é considerado um processo de decodificação e hierarquizado: primeiro aprendem-se letras, depois sílabas, palavras e frases.

Saber escrever não se limita à aquisição do sistema notacional. Segundo Tolchinsky (1995), inclui uma gama de representações (conhecimentos), relacionadas a diferentes conteúdos. A escrita é entendida como sistema de notação e meio de comunicação, com dupla propriedade: formal e instrumental.

A propriedade formal está relacionada à escrita como sistema notacional (caracteres, sintaxe, semântica, etc.). A propriedade instrumental refere-se ao uso da escrita em situações e com objetivos específicos.

"O instrumento em si e seus produtos tornam-se objeto interno de conhecimento, em representação. Tanto as suas propriedades formais – sintaxe e semântica – quanto as suas funções, as operações permitidas pelo uso do instrumento" (Tolchinsky, 1995, p.57).

Nessa perspectiva, a leitura não pode ser reduzida a um processo de decodificação. No processo de leitura, pensamento e linguagem atuam em transações em que o leitor busca significado no texto. Segundo Goodman (1991), só existe um processo de leitura. As diferenças entre leitores competentes, não competentes, ou principiantes não estão relacionadas com o processo pelo qual é obtido o significado, mas com a maneira de cada um utilizar o processo.

As características do leitor: cultura, conhecimento prévio e linguístico, esquemas conceituais e o seu propósito na leitura é que irão produzir maneiras diferenciadas de interpretação dos textos. A capacidade de interpretar e aprender com os textos está diretamente ligada àquilo que o indivíduo conhece antes do ato da leitura. As características do leitor são tão importantes como as do texto.

O processo de desenvolvimento da leitura só ocorre através do próprio ato de leitura. Segundo Goodman (1991), no processo de leitura utiliza-se uma série de estratégias. Mesmo antes de iniciarmos concretamente a leitura, os textos nos fornecem índices como título, portador, ilustrações, diagramação, que possibilitam antecipar seu significado.

O leitor desenvolve estratégias de seleção, relacionadas ao tipo de texto, às antecipações realizadas e à busca de significado. Pode antecipar o significado mesmo antes da leitura e esse procedimento continua na exploração do texto, podendo predizer o final da história, de uma palavra, de uma conclusão. Para isso utiliza os conhecimentos prévios, culturais e linguísticos. Prediz, a partir das seleções e seleciona, a partir das predições.

Através de seus conhecimentos, pode utilizar estratégias de inferência, complementando as informações do texto que não estão explícitas e antecipando outras que se farão explícitas.

Segundo Goodman (1991), há risco na utilização das estratégias. Às vezes, fazemos predições que não condizem com o significado do texto, ou inferências que contradizem o significado atribuído pelo autor. O leitor deve utilizar estratégias para confirmar ou rejeitar suas predições prévias, o que envolve autocontrole sobre as estratégias para a busca de significado do texto.

No caso de leitores principiantes, deve-se propor situações de aprendizagem que propiciem o desenvolvimento de estratégias de leitura, o autocontrole, a ampliação do conhecimento linguístico (propriedades formais e instrumentais da língua de uso social) e os conhecimentos culturais.

A linguagem é uma atividade humana complexa que permite ao homem representar a realidade, mantendo estreita relação com o pensamento. Através da linguagem é possível a representação, a regulação do pensamento e da ação e a comunicação de ideias, pensamentos e intenções.

Na atividade linguística, suas duas funções, comunicação e representação, estão inter-relacionadas. Quando comunicamos algo, partimos da representação que temos do mundo, podendo construir novas representações.

Produzir linguagem é produzir discurso o qual é determinado pelo contexto, conhecimentos e características dos interlocutores.

A manifestação linguística dos discursos se dá através do texto. Um texto só se constitui como tal, quando é uma unidade significativa global, não importando o seu tamanho e sim seu significado global. Todo texto se organiza dentro de um gênero, que possui forma própria. Os gêneros são determinados historicamente pelas intenções comunicativas nas produções de discursos de uso social. Os textos são ilimitados, tendo em vista as mudanças de uso e função no processo social e cultural.

O ensino da língua portuguesa deve ter como finalidade o desenvolvimento da capacidade de representação e comunicação, ou seja, da competência textual (capacidade de interpretar e produzir textos orais e escritos de uso social) para satisfazer necessidades pessoais do indivíduo e para acesso e participação no mundo letrado. O texto é a unidade básica do ensino e não as letras, sílabas, palavras ou frases descontextualizadas.

Para o ensino das características discursivas da linguagem, é necessário introduzir os diferentes tipos de textos, atos de leitura e escrita como existem e são utilizados no mundo, criando-se situações educativas semelhantes às práticas sociais.

O uso da linguagem apresenta modalidades que contribuem para seu aprimoramento. O conhecimento do uso e da função da linguagem tem mais influência no planejamento do discurso que seu caráter oral ou escrito. Podemos encontrar no discurso oral maiores semelhanças com a linguagem escrita que em alguns textos escritos. Há adultos que apresentam um discurso letrado, sem terem o domínio do sistema notacional. Isso rompe com a concepção de que o domínio do sistema alfabético é pré-requisito para aprendizagem da linguagem. Os dois processos podem ocorrer paralelamente. A escrita alfabética corresponde a um sistema notacional e a linguagem é um modo que se usa para escrever ou falar.

As características discursivas da linguagem são o centro do processo de ensino e aprendizagem da língua portuguesa, o que não significa que a aquisição da escrita alfabética não seja relevante. O que ocorre é que esta deixa de ser pré-requisito e passa a ser adquirida num processo mais amplo de aprendizagem da língua. A alfabetização é apenas um dos aspectos do processo de letramento.

Se a aprendizagem da escrita e da leitura não está relacionada com a aprendizagem de códigos nem com a decodificação; se o processo de interação com a escrita se dá de forma concomitante com as propriedades formais e instrumentais; se os adultos não alfabetizados ou pouco escolarizados possuem conhecimentos da escrita, mesmo sem passar pelo processo normal de escolarização, e se não é a aprendizagem da escrita em si que desenvolve o intelecto, mas seu uso nas suas multiplicidades de funções, então, a educação de adultos deve-se pautar na diversidade de textos de uso social, considerados como a unidade básica do ensino.

Desenvolver a competência textual de educandos pouco escolarizados envolve o domínio da produção e interpretação de textos de uso social, oral e escrito, o educando cumprindo o papel de escritor e leitor.

O conhecimento não se desenvolve apenas pela incorporação de novos dados, mas pela reorganização e reelaboração de conhecimentos que já possuímos.

Para produzir um texto, temos que pensar sobre o que vamos escrever, qual a forma mais adequada, escrever, ler, corrigir, reler, reescrever, reorganizar para que fique cada vez melhor e mais próximo do que queremos comunicar.

Retornar ao já feito, distanciar-se do texto, tornando-o um objeto de análise, para revisá-lo, reorganizá-lo, reescrevê-lo, recriá-lo, envolve a construção do papel de revisor. Tal papel está vinculado à aprendizagem de conteúdos procedimentais, atitudinais e conceituais, um procedimento que deve ser adquirido e usado em todas as situações de produção da escrita.

Conforme Kaufman & Rodrígues (1995), as teorias da linguística textual, que privilegiam a produção, recepção e interpretação como unidades de desenvolvimento da comunicação, tanto quanto as investigações psicolinguísticas e sociais sobre o processo de desenvolvimento não vinculado à aprendizagem do código da escrita em si, mas do uso nas suas funções sociais diferenciadas, influenciaram muitos educadores a introduzir textos de uso social no processo de ensino e aprendizagem da língua.

Trabalhar a partir dessa concepção significa muito mais que introduzir diversos tipos de textos no processo de ensino e aprendizagem.

Em relação a essa prática, duas dificuldades podem surgir: a falta de conhecimento adequado das características peculiares dos diferentes tipos de textos ou, como relata Vera Barreto, os educadores têm noção hierarquizada dos conteúdos que devem ser tratados em cada série, considerando impossível trabalhar, por exemplo, com poesias, por ser um tipo de texto a ser trabalhado só na quinta série.

Kaufman & Rodrígues (1995) organizam uma tipologia de textos, como subsídios para o trabalho com os múltiplos textos.

As autoras relatam a dificuldade de estabelecer uma tipologia dos textos pela diversidade de classificações, que se utilizam de diferentes critérios, propondo dois critérios: as funções dos textos e suas tramas.

Considerar o texto como uma unidade comunicativa traz em seu bojo as diferentes intenções do produtor. A partir dessas intenções, optaram por categorizar os textos por sua função predominante. Considerando que um texto tem várias funções, uma delas predominante, estabelecem como predominantes da linguagem as funções: informativa, literária, apelativa e expressiva.

Segundo as autoras, classificar os textos com base apenas nas funções é ser reducionista e não contribui para o processo de ensino e aprendizagem da língua, entendida como potenciadora para o desenvolvimento da competência comunicativa. Mesmo porque há textos com a mesma função e com os mesmos conteúdos, porém configurados ou estruturados de maneiras diferentes. A "trama" é um critério para diferenciar as caracterizações linguísticas e estruturações dos textos e relacioná-los às suas funções. Os textos podem ser agrupados em: trama narrativa, argumentativa, descritiva e conversacional.

As autoras descrevem os elementos constitutivos das tramas dos diferentes tipos de textos a partir do agrupamento em funções, o que contribui para a compreensão das características linguísticas dos textos a partir de suas funções e tramas.

Segundo as autoras, recursos didáticos devem ser criados, visando à aprendizagem significativa.

Os Projetos Didáticos são "...esquemas coerentes que aspiram proporcionar, de uma maneira organizada e lógica, situações adequadas de estudo, leitura e escrita" (Kaufman & Rodrígues, 1995).

A escola tradicional propõe a produção de textos para ninguém ler, ou melhor, para o educando demonstrar o que sabe e o que não sabe e para a educadora corrigir. As investigações demonstram que, quando os textos escritos têm destinatários reais, a correção, adequação e pertinência passam a ser requisitos indispensáveis para o escritor.

É necessário organizar um plano de trabalho não como mera exigência burocrática, mas para que educandos e educadores tenham clareza dos conteúdos e etapas do ensino e aprendizagem. "Acreditamos que a necessidade de registrar por escrito o planejamento obriga o professor a revisar o projeto várias vezes, o que resulta em benefício de sua clareza" (Kaufman & Rodrígues, 1995, p.52).

O plano deve ser flexível, com organização prévia que conduza à execução, com possibilidades de mudanças e adequações, a partir do processo permanente de avaliação.

A partir de pesquisa em uma escola primária, as autoras chegam à estruturação de um projeto, constituído de três partes.

A primeira parte traz o tema do projeto, a série em que se realizará, o início e duração, os materiais que serão utilizados e as etapas previstas para sua realização.

Na segunda parte, os dados correspondentes ao tipo de texto que será estudado e produzido: a situação comunicativa do texto (autor/leitor/objetivo); identificação e caracterização do texto e temas que serão trabalhados em relação às situações metalinguísticas (linguística textual, ortografia, pontuação, etc.).

O trabalho com vários tipos de textos dentro de um mesmo projeto possibilita a compreensão da função, trama/estruturas específicas de cada texto, propiciando ao educador recursos para torná-las observáveis para os educandos. Seleciona os conteúdos metalinguísticos, a partir de sua predominância em textos diferenciados.

Na terceira parte do projeto, devem constar os conteúdos de outras áreas envolvidas e as atividades que se pretende realizar em relação aos temas mencionados.

Na educação escolar, várias situações de aprendizagem são planejadas com o fim de contribuir para que os alunos aprendam conteúdos considerados essenciais.

A ressignificação dos conteúdos[2] no processo de ensino e aprendizagem (Coll *et al.*,1992), introduz conceitos/fatos, procedimentos, atitudes, normas e valores como tipos diferentes de conteúdos, com o mesmo valor no processo de ensino e aprendizagem. Confere importância à aprendizagem de diferentes tipos de conteúdos, como atividade construtiva do educando no processo de aprendizagem e estabelece que a ação do educador é um dos fatores determinantes para que o processo ocorra.

Nessa ressignificação, os conteúdos são entendidos como seleção de formas ou saberes culturais próximos da antropologia cultural: conceitos, habilidades, explicações, raciocínios, fatos, linguagens, valores, crenças, sentimentos, atitudes, interesses, conduta, etc. Só as formas e saberes culturais cuja assimilação adequada e correta necessita de ajuda sistematizada devem ser selecionados como conteúdos de ensino e aprendizagem escolar.

Os conteúdos procedimentais e atitudinais são aquisições que a escola espera que os educandos aprendam por si sós. Defini-los como conteúdos, em pé de igualdade com os conceitos e fatos, coloca-os como objeto de ensino e aprendizagem. Para tanto, faz-se necessário ajuda pedagógica, sistematizada e organizada, ou seja, são conteúdos que devem ser ensinados, aprendidos e avaliados, o que amplia a responsabilidade da escola no processo de ensino e aprendizagem e formação do cidadão.

---

[2] As informações apresentadas sobre a ressignificação dos conteúdos em conceitos, fatos, procedimentos e atitudes constam no livro *Los contenidos en la Reforma: Ensenãnza y aprendizaje de conceptos, procedimientos y actidudes*, Coll et al., 1992.

No processo de ensino-aprendizagem dos três tipos de conteúdos, há diferenças de estratégias didáticas, de processos psicológicos e instrumentos de avaliação. Por isso, são definidos, separadamente, o que não quer dizer que devam ser trabalhados separadamente. Dependendo do objetivo colocado para o conteúdo específico, este deve ser abordado nas três perspectivas, ou seja, não é necessário planejar atividades para trabalhar cada um dos conteúdos (a não ser que se tenha o objetivo de ressaltar determinado aspecto da aprendizagem de um conteúdo). O que se sugere é o planejamento de atividades que propiciem o trabalho de interação dos três tipos de conteúdos.

Os conteúdos indicam os aspectos de desenvolvimento dos educandos que a educação deseja promover. O ensino e aprendizagem destes não têm um fim em si mesmo, mas são meios para o desenvolvimento de capacidades, para que alcancem o objetivo educacional e, para tanto, a assimilação e apropriação dos conteúdos são fundamentais.

O conhecimento de qualquer área requer informações. As informações consistem em dados e conceitos, relevantes para a aprendizagem de um conteúdo específico. Existe relação direta entre aprendizagem de conteúdos de dados e conceitos e outros conteúdos curriculares. É difícil aprender dados e conceitos, sem se pensar na aprendizagem de procedimentos e atitudes.

Todos os conteúdos devem estar presentes em todos os momentos do currículo, mas o seu peso, relacionado ao ensino, aprendizagem e avaliação, deve variar nas etapas do currículo. Isso não quer dizer que os conteúdos devam ser hierarquizados, mas, sim, trabalhados em todos os momentos, porém seu domínio ocorrerá numa evolução progressiva.

Conteúdos relacionados a fatos

Para todo tipo de aprendizagem é necessário ter informações que correspondam a fatos. Os conteúdos factuais são cópias literais das informações dadas, que devem ser armazenados na memória. Exemplos: capitais dos países, símbolos químicos, número de telefones, etc. Em geral, estão relacionados a uma informação verbal. Dos fatos espera-se uma resposta correta, não existem processos intermediários de compreensão.

As estratégias de aprendizagem de fatos são simples e consistem em atividades de memorização por repetição verbal. Para que sejam eficazes, é necessário que o educador propicie condições: material, agrupamento dos fatos, informações, organização cronológica, dados significativos (significado ou organização lógica para o educando), distribuição, ao longo do tempo, etc. Como qualquer aprendizagem, deve ser a mais significativa possível, propiciando relacionar a aprendizagem dos conteúdos factuais com a aprendizagem de outros conteúdos, em que o aluno seja capaz de reapresentar e relacionar informações, distanciando-se de um processo estritamente mecânico.

Os dados só devem ser memorizados, se utilizados cotidianamente e em conjunto com os outros conhecimentos escolares, e não apenas para serem respondidos corretamente nas avaliações.

Conteúdos relacionados a conceitos e princípios

Os conceitos e princípios estão presentes em todos os âmbitos do conhecimento e permitem organizar a realidade. Os conceitos cotidianos são construídos a partir da interação com o mundo. Os conceitos científicos, que também estão no cotidiano, são construídos a partir da relação com outros conceitos e seu significado é decorrente dessa relação.

Os conceitos podem ser estruturais (princípios) ou específicos. Os conceitos estruturais, ou princípios, são mais gerais e têm maior grau de abstração. São os princípios mais gerais de uma área, como o conceito de igualdade em Matemática ou de tempo histórico em História. Abarcam todos os conteúdos e sem eles seria difícil compreender os conceitos específicos, que estão subordinados aos princípios estruturais e são as listas habituais dos conteúdos conceituais (mamíferos, energia, combustão, etc.).

A aprendizagem de conceitos e princípios exige estratégias didáticas que promovam a atividade cognitiva do educando. Deve ser uma aprendizagem significativa, de forma gradual, com processos intermediários de compreensão, com diferentes situações de aprendizagem referentes ao mesmo conceito através das quais os alunos possam notar as regularidades, produzir generalizações e compreender.

A compreensão dos conceitos está diretamente relacionada à seleção e sequência dos conteúdos curriculares, pois pode-se iniciar o estudo de um conceito em uma série e aprofundá-lo em séries seguintes.

Compreender é processo psicologicamente mais complexo que memorizar. Tal distinção entre a aprendizagem de fatos e conceitos é de fundamental importância, pois a aprendizagem de conceitos como se fossem fatos torna-se mecânica e impede a ocorrência de uma aprendizagem significativa.

A aprendizagem de conceitos e princípios, para ser significativa, tem que estar relacionada com outros conceitos, com os conhecimentos prévios (factuais e conceituais) e com as atitudes e procedimentos.

Avaliar a compreensão de conceitos e princípios é mais difícil do que medir o nível de memorização. O adequado é avaliar os conhecimentos no percurso das atividades de aprendizagem. A avaliação deve ter início com o levantamento dos conhecimentos prévios, prosseguir durante o processo de ensino e aprendizagem e não só no final do processo.

Conteúdos relacionados a procedimentos

Os conteúdos procedimentais não configuram um novo campo de ensino e aprendizagem, pois já são trabalhados. O novo é a denominação de procedimentos, para o que antes se chamava técnicas, algoritmos, habilidades, estratégias, métodos, rotinas, destrezas, etc., e sua valorização, igualando-os em importância aos conteúdos conceituais e factuais.

Os conteúdos procedimentais estão relacionados ao desenvolvimento de capacidades para saber fazer, saber atuar para atingir um objetivo, o que implica na aprendizagem de ações. E as estratégias de aprendizagem estão relacionadas a uma repetição e sequenciação de ações a partir de contextos significativos e funcionais.

Os procedimentos podem ser mais ou menos gerais, conforme os passos ou ações implicadas em sua realização. Os procedimentos mais complexos exigem ações mais diversificadas, possibilitando aos educandos mais alternativas para realizarem a tarefa.

Enquanto a aprendizagem de conteúdos conceituais está relacionada a compreender, entender, denominar, reconhecer, dizer o que são os objetos, as pessoas, os acontecimentos, fenômenos, etc., a aprendizagem de conteúdos procedimentais está relacionada ao conjunto de ações, formas de agir, desenvolver tarefas, saber proceder no processo de aprendizagem, fazer funcionar, transformar, produzir, medir, observar, representar, organizar, elaborar, etc.

A aprendizagem de procedimentos depende de atividades que possibilitem estabelecer relações com aprendizagens anteriores. Como na aprendizagem de conteúdos conceituais, na aprendizagem de procedimentos também se espera que o educando aprenda com compreensão, profundidade, funcionalidade e permanência, conseguindo utilizá-los de maneira flexível, conforme as exigências de novas situações de aprendizagem.

A aprendizagem de procedimentos também se dá de forma gradual, aperfeiçoa a ação, aumenta o valor funcional de procedimentos e a possibilidade de aplicá-los às situações mais complexas. A aprendizagem significativa de novos procedimentos se vincula com outros já conhecidos e acarreta revisões, modificações e melhoramento dos anteriores.

Como se espera dos educandos que não só conheçam os procedimentos, mas também saibam usá-los, o mais adequado é avaliar seu conhecimento através da realização, considerando os graus de aprendizagem em que o educando se encontra. A avaliação deve ocorrer nos momentos em que o educador está presente para avaliar a execução do educando, ou seja, a avaliação deve ocorrer durante o processo e não só por ocasião do resultado final.

Conteúdos relacionados a atitudes, normas e valores

As escolas sempre trabalharam com a formação de atitudes, normas e valores. O que avança nesta ressignificação é a atribuição a esses conteúdos o mesmo valor dos conteúdos conceituais/factuais e procedimentais, o que exige propostas de ensino, aprendizagem e avaliação.

Trabalhar com esse conteúdo não é fácil, como diz Sarabia (Coll *et al.*, 1992); não existindo orientações teóricas convergentes, o educador é obrigado a fazer uma seleção de atitudes, normas e valores que se esperam do educando. Além disso, a escolha das atitudes está relacionada à visão de mundo e homem que se quer formar, à ideologia do educador ou da escola. Nesse sentido, as intenções do projeto educativo devem ser bem definidas.

A aprendizagem de atitudes se dá através de um longo processo de socialização de regras e normas num contexto interativo. As interações não se dão em espaços vazios e, sim, em estruturas sociais organizadas, com normas e mecanismos de funcionamento, que exigem dos indivíduos mudanças de atitudes e valores, para adequar suas condutas nas diferentes estruturas sociais.

A aprendizagem de conteúdos atitudinais envolve aspectos cognitivos, afetivos e de condutas, com estratégias por modelos, regras construídas pelo grupo, assembleias, coerência na atuação do educador, etc. Os educadores e os companheiros servem como modelos de atitudes. A figura atrativa do educador e a relação afetiva com os educandos podem influenciar na formação de atitudes. O educador é um exemplo de conduta e é o comunicador ou transmissor de atitudes, normas e valores.

Os papéis que as pessoas cumprem também são orientadores de condutas para os indivíduos de um grupo em situações determinadas.

O sistema normativo (adequação entre valores, atitudes e normas) serve como guia para os educandos desenvolverem atitudes desejadas pela comunidade escolar. Para tanto, têm que entender e estar convencidos da legitimidade das normas escolhidas. E a escola tem que apresentar adequação dos valores, normas e atitudes de juízo: verificar se as normas escolares de funcionamento estão de acordo com os valores e ideias de seu projeto educativo, se não, transformá-las; divulgar e explicitar, para os educandos, tanto as normas como os valores que as fundamentam; criar mecanismos de participação dos educandos na elaboração das normas de convivência coletiva, etc.

A escola deve considerar aspectos específicos que contribuem para a formação das atitudes, normas e valores desejados: aspectos físicos — a organização do espaço, do horário e do trabalho deve favorecer a cooperação, o respeito, a solidariedade, etc.; atividade em grupo — que possa favorecer a comunicação entre seus membros; resolução de problemas — é importante que o educando tenha canais de acesso aos educadores para resolver seus problemas e tempo e espaço para discussões de problemas escolares.

Por ser um conteúdo que faz parte de todas as disciplinas, deve ser avaliado conjuntamente com os outros conteúdos a partir do comportamento e da fala. O educador deve cumprir o papel de observador, investigando e participando dos acontecimentos.

A organização dos conteúdos visa a uma aprendizagem significativa, evitando introduzir na organização curricular uma divisão estanque dos diferentes tipos de conteúdos, conforme a proposta tradicional.

A aprendizagem significativa dos conteúdos implica na atribuição de sentido e construção de novos significados, o que envolve: disposição por parte do educando; apresentação de material potencialmente significativo (que seja relevante e tenha organização interna); orientação por parte do educador;

organização da situação de aprendizagem que propicie ao educando relacionar o novo conteúdo e o material de aprendizagem com os seus conhecimentos prévios e que o estudo tenha sentido para o educando (considerando suas dimensões pessoais, afetivas e intelectuais).

O processo de ensino e aprendizagem significativo deve partir dos conhecimentos prévios construídos pelos educandos, compreendidos como veículos para a aprendizagem e não como obstáculos. Estes podem estar relacionados a esquemas de conhecimentos sobre conceitos, princípios, fatos, procedimentos, normas, atitudes e valores bem ou mal-elaborados, mais ou menos coerentes, adequados ou inadequados em relação ao conteúdo de estudo. E entre os educandos de um mesmo grupo podem existir diferenças na quantidade de conhecimento, organização, coerência e em sua validade.

Não se deve considerar que o educando sempre abandone suas ideias prévias, mas que as use, até mesmo negando-as, para, a partir delas, desenvolver novos significados. Para tanto, é necessário planejar atividades de ensino e aprendizagem que possibilitem ativar e trabalhar os conhecimentos prévios, fazendo com que os educandos reflitam, tomem consciência de seus conhecimentos e estabeleçam relações destes com o novo conhecimento. Deve-se considerar os conhecimentos prévios tanto no início de um estudo, como no processo.

Uma aprendizagem se caracteriza como significativa, quando o indivíduo consegue reutilizar seus conhecimentos em situações diferentes daquelas em que foram assimilados.

Propor atividades que ativem os conhecimentos prévios dos educandos propicia ao educador conhecer melhor seus conhecimentos em relação ao tema para planejar as situações de aprendizagem significativas. E propicia ao educando ter consciência de suas ideias, justificar suas crenças e reflexões, lidar com as contradições, organizar suas ideias prévias, descobrir a existência de ideias diferentes das suas e estabelecer relações do novo conhecimento com seus conhecimentos prévios.

Na aprendizagem significativa, o educando deve manifestar disposição para a aprendizagem, não entendida como memorização. A disposição está relacionada a características pessoais/afetivas (autoestima, autoimagem, capacidade de assumir riscos e esforços, de se expor, etc.) e cognitivas (capacidades, instrumentos, estratégias, habilidades, etc.), que são construídas através do processo de aprendizagem na interação com o mundo (meio familiar e entorno, escola, televisão, cinema, experiências com o meio e com objetos, etc.). A partir de experiências prévias, o indivíduo pode construir disponibilidade para uma aprendizagem significativa ou memorística.

A disponibilidade está vinculada com a aprendizagem e pode ser transformada, tendo o processo de ensino e aprendizagem escolar um importante papel na construção da disponibilidade para uma aprendizagem significativa.

Os dos adultos pouco escolarizados ou não alfabetizados apresentam um grau desenvolvido de atitudes, normas e valores que interferem na aprendizagem de outros tipos de conteúdos. O educador deve propor situações de aprendizagem que considerem esse conhecimento e experiências. O educando deve expor suas ideias, confrontá-las com as do grupo e relacioná-las com as novas informações do estudo.

O educador necessita de fundamentação teórica para compreender as formas de construção dos conhecimentos prévios e para poder criar situações de aprendizagem que considerem esses conhecimentos.

2
Educação Possível

Alunos trabalhadores

Os educandos participantes do projeto[1] são migrantes provenientes do Nordeste, Minas Gerais e do litoral paulista. Na faixa etária entre 19 e 47 anos. A maioria trabalha na empresa há mais de um ano e, no máximo, três anos (apenas um aluno, mais de oito anos). Vieram para São Paulo à procura de melhor emprego, de melhoria na qualidade de vida, em busca da "ilusão" de prosperidade para todos, como eles próprios relatam:

> *"Para procurar emprego e para procurar uma vida melhor".*
> *"Para ganhar mais dinheiro e mandar para a família".*
> *"Vim para conhecer e para arrumar um emprego e ganhar mais dinheiro do que lá no Nordeste".*
> *"Vim para São Paulo em busca de dinheiro e emprego, eu era plantador de tomate e, devido à seca, cada ano que passava ficava pior".*
> *"Eu vim procurar emprego, porque no Nordeste é muito difícil de se viver, é tão difícil!".*

---
[1] Projeto de Educação de Adultos no Canteiro de Obras do SESC Vila Mariana.

Os trabalhadores desempenham várias funções na empresa: ajudantes gerais, carpinteiros, ajudantes de carpinteiro, serventes, ajudantes de eletricista e um copeiro (e também *office-boy*).

Os participantes passaram, em algum momento, por uma escola. Apenas um estudou até a quarta série, sem completá-la. Outros até a terceira série, alguns até a segunda série, sem concluir, e outros, a primeira série (alguns entraram várias vezes na primeira série e desistiram, outros só ficaram alguns meses na primeira série).

No decorrer do trabalho, pudemos avaliar que o tempo de escolarização de cada um não é o fator relevante no processo de ensino e aprendizagem, ou seja, os educandos que cursaram até a segunda série, muitas vezes, apresentavam mais conhecimentos e condições para a aprendizagem do que o educando que cursou até a quarta série. Isso permite concluir que foram as necessidades impostas pelo meio, as oportunidades de acesso, os interesses e motivações de cada um que propiciaram o desenvolvimento de condições diferenciadas para lidar com os conteúdos.

Mesmo todos tendo passado, em algum momento, pela escola, apenas alguns apresentavam conhecimentos do sistema alfabético, conseguindo ler e escrever.

Níveis de conhecimento da escrita dos alunos ao ingressar na escola:

Silábico	Silábico-Alfabético	Alfabético
Marti	Pedro	Vice
Mané	Dida	Toni
José	—	Vano
Edi	Mano	Rona
Tonio	—	Ponci
Ero	Giba	Rai
—	—	Jail

Os educandos relatam que ingressaram no projeto para aprender a ler e escrever, resolver questões funcionais ou aprender mais: *"Para aprender mais" "Para aprender a ler e escrever e mais alguma coisa como matemática" "Tenho vontade de aprender a ler e escrever" "Para aprender a preencher a ficha de trabalho e saber escrever o nome"*

"Aprender a ler e tirar (escrever) cartas"
"Aprender a fazer o nome e escrever cartas"
"Porque o ensino faz falta na profissão e em outras coisas"[2]

Os que visavam aprender a ler e escrever tinham, geralmente, um discurso de que não sabiam nada, embora tivessem muitos conhecimentos da língua escrita, o que está relacionado ao estigma de "analfabeto". Nossa sociedade pressupõe que esses indivíduos têm total desconhecimento da leitura e da escrita. Mesmo criando recursos para lidar com a língua escrita no seu cotidiano, não percebem sua eficiência. A mudança dessa postura foi por nós considerada como atitude a ser conquistada no processo de ensino e aprendizagem.

Devido à sala de aula estar localizada dentro do canteiro de obras, vários aspectos interferiram diretamente na organização e funcionamento do espaço educativo.

A maioria dos funcionários fazem horas extras após o expediente e a escola não poderia interferir nesse procedimento, já que as questões de trabalho/renda são prioridades para esse público. De comum acordo com os funcionários, organizamos o horário para que pudessem trabalhar até a hora prevista normalmente (17h), realizassem a hora extra de trabalho (17h às 18h), lanche (18h às 18h15min) e aula das 18h15min às 20h, de segunda à sexta-feira.

As férias, demissões, dias de concretagem e licenças médicas, etc., foram fatores que interferiram diretamente no trabalho. As férias ocorrem em períodos diversos do ano letivo, o que leva os educandos a se afastar da escola. O mesmo ocorre

---

[2] Dados coletados do relatório avaliativo, realizado pela educadora do projeto.

com as licenças médicas e o afastamento sem retorno (demissões).

Os dias de concretagem também interferiram diretamente no andamento das aulas. É um tipo de trabalho que não pode ser interrompido e reiniciado no dia seguinte.

Tais aspectos inerentes à estrutura, funcionamento e organização da empresa e da relação de trabalho, devem ser considerados na elaboração do projeto educacional e na construção da motivação por parte dos educandos.

No decorrer do processo, fomos aprendendo a lidar com essas interferências e os educandos foram aprendendo a "driblar" as situações, informando, por exemplo, com antecedência, a educadora sobre as semanas em que teriam mais trabalho e sobre os dias em que talvez faltassem ou chegassem atrasados. Os atrasos começaram a fazer parte da dinâmica e os educandos eram bem recebidos, chegando no horário possível.

Outro problema importante, na configuração do projeto educacional, é a hierarquia entre os funcionários. Funcionários hierarquicamente superiores e que têm grande dificuldade na aprendizagem apresentam resistência para expor suas dificuldades e, mesmo, nem chegam a procurar a escola.

Outro aspecto que interferiu e, na verdade, sempre interfere no trabalho com adultos pouco escolarizados é o modelo de escola. Para eles, frequentar a escola pressupõe fazer cópias e contas, ter cartilhas e aprender as letras. Aprender a expor suas opiniões, ouvir as opiniões dos colegas, ouvir contos, escrever, mesmo que não seja do modo convencional (correto), ler, mesmo que seja só um título de um texto, ler problemas e resolvê-los, manusear o jornal, ler notícias e comentá-las, etc., não são características do modelo de escola que conhecem.

Os educandos foram percebendo, com o tempo, que estavam aprendendo muitas coisas novas de um "jeito diferente".

"Eu dizia para eles que vocês sabiam o que estavam fazendo, que se faziam assim era certo e hoje percebo que era certo mesmo" (Ponci).

Uma sala de aula dentro do canteiro de obras é grande e talvez única oportunidade.

"Olha, se a escola deixar de existir, principalmente para nós que estamos no grupo, vai fazer falta. Agora, para quem está fora da aula não faz diferença nenhuma, porque eles não sabem o que está acontecendo. Para mim, vai ser muito triste se a aula acabar, vai ficar mais difícil para estudar, até chegar em casa e ir para outra escola, vai ficar difícil" (Pedro).
"Ficaria muito ruim, eu não tenho condições de estudar fora e aqui a gente aprende" (Edi).
"Acho que nem é bom pensar nisso, para ter esta oportunidade, só trabalhando nesta empresa, eu nunca trabalhei em um lugar que eu tivesse a chance que eu estou tendo, se a escolinha acabar, não será nada bom" (José).
"Eu ficaria muito triste, pela amizade que nós temos, ficaria muito triste, porque a gente iria parar de estudar e não conseguiria mais nada" (Vice).[3]

Sem a escola na empresa, seria muito difícil voltar a estudar, em função do horário e aspectos financeiros. Além de estarem aprendendo, vivenciam relações de amizade, participam de um grupo de estudo, adquirem autoestima, a valorização dos próprios conhecimentos, do esforço pessoal e partilham com outros seus aprendizados.

Retratos em recortes

Objetivo

Durante muito tempo, acreditou-se que primeiro os educandos deveriam aprender o sistema da escrita, conhecer as letras, saber juntá-las, relacioná-las com a pauta sonora, saber pontuação, regras gramaticais, etc. Só depois poderiam conseguir lidar

---
[3] Dados coletados das avaliações dos alunos.

com a linguagem escrita, ou seja, com a elaboração e compreensão dos textos.

No campo da alfabetização de adultos, essa concepção ainda se faz presente. Mesmo os educadores adeptos de um processo de conscientização e análise da realidade, no trabalho com a escrita, retrocedem ao ensino hierarquizado (primeiro letras, depois sílabas, palavras, etc.).

As investigações sobre os processos de desenvolvimento e aprendizagem têm evidenciado que crianças e adultos não alfabetizados possuem conhecimentos sobre a escrita, para que serve e seus diferentes usos, mesmo sem terem passado pelo processo sistematizado da escola. Apresentam, muitas vezes, na oralidade, características da linguagem escrita (discurso letrado), em função dos processos de mediação com os instrumentos culturais de seu contexto social, considerando que o processo de desenvolvimento está vinculado à aprendizagem, que se dá em diferentes instituições sociais e não somente na escola.

Compreender o modo de construção interna da escrita, ou seja, a alfabetização no sentido estrito, é apenas um dos pontos do processo de educação de adultos não alfabetizados ou pouco escolarizados.

Em nosso projeto, o objetivo estabelecido para o processo de ensino e aprendizagem da língua é o desenvolvimento da competência discursiva (ampliar a capacidade de produzir e interpretar textos orais e escritos), para possibilitar a resolução de problemas do cotidiano, o acesso e participação no mundo letrado, contribuindo para o exercício pleno da cidadania. Tornando o espaço educativo um ambiente de letramento, possibilita-se a aprendizagem do sistema alfabético e do uso das várias funções sociais da linguagem.

Aprender a produzir e interpretar texto é aprender a linguagem, portanto o texto é a unidade básica do processo de ensino e aprendizagem.

Tornar o espaço educacional um ambiente de letramento não significa impor padrões e conceitos da cultura letrada, mas criar condições para que os educandos participem dessa cultura, formulando e reformulando valores, conceitos, atitudes, etc.

"Um texto é, independentemente de sua extensão, uma unidade de produção linguística em um ato real de enunciação, de fala ou de escrita. A menor unidade do texto é o próprio texto, na íntegra, uma vez que o texto – como um tecido – tem uma estrutura que não pode ser reduzida a frases ou palavras. Um texto – entrelaçamento de palavras – é sempre uma rede de significações, que, sendo recortada, rompida em pedaços, em trechos menores, deixa de fazer sentido. Isto é, frases ou palavras descontextualizadas não produzem significado e, portanto, não podem ser consideradas como textos" (Deheinzelin, 1994, p.59).

A materialização da linguagem se apresenta nos textos: os textos são constituídos de propriedades formais e propriedades instrumentais. Assim, no processo de ensino e aprendizagem da linguagem, conjumina-se o trabalho com essas duas propriedades, a partir do uso das várias modalidades de textos.

Conforme Tolchinsky (1995), é o processo de ensino e aprendizagem da língua escrita nas suas múltiplas funções de uso que propicia mudanças nas formas e conteúdos de pensamento: mudanças cognitivas e linguísticas.

Não se pode restringir-se ao acesso a conhecimentos que antes não tiveram, mas trabalhar com conteúdos e formas culturais presentes em seu entorno e na sociedade, tornando a sala de aula um ambiente de letramento: para que construam/ transformem/desenvolvam atitudes, procedimentos e conceitos; para que transformem formas e conteúdos de pensamento; para que possam participar, no sentido total da palavra, de sua comunidade.

Conteúdos

A organização dos conteúdos não apresentava esta configuração desde o início do projeto. Está baseada nos Parâmetros Curriculares Nacionais para o Ensino Fundamental/Língua Portuguesa (versão1995), e os conteúdos foram retirados dos projetos e unidades didáticas elaborados durante o processo. Como nossa intenção não era estruturar um currículo para a educação de adultos mas sim explicitar o currículo elaborado durante o projeto, verificamos que os Blocos de Conteúdos estão restritos aos conteúdos trabalhados nesse período, apresentando algumas lacunas. Os conteúdos foram organizados a partir do objetivo geral e compreendem os procedimentos, princípios/conceitos/fatos e normas/atitudes/valores referentes à língua escrita (produção de textos e leitura) e língua oral.

LÍNGUA ESCRITA
Produção de Textos/Escrita

Princípios, Conceitos e Fatos

Significado social da escrita com seus usos e funções. Diversidade de textos de uso social:

- Textos da vida cotidiana: cartas, listas, receitas, informes internos da empresa, cartazes de uso na empresa, textos instrucionais, rótulos.
- Textos literários: contos, lendas, crônicas, poemas, músicas.
- Textos de transmissão oral: literatura de cordel e provérbios.
- Textos dos meios de comunicação: jornal (notícias, anúncios, tabelas, artigos de opinião, quadrinhos, entrevistas, gráficos).
- Textos de informação científica: textos informativos científicos de diferentes fontes (fascículos, enciclopédias, revistas, livros didáticos, etc.), relato histórico, biografia, dicionário.

Análise das caracterizações linguísticas da diversidade de textos.

Compreensão da revisão textual e de estratégias para a elaboração de um texto.

Continua

Escrita alfabética e correspondência som/grafia.
Escrita a partir da hipótese não alfabética.
Ortografia de palavras mais usadas e regras básicas de ortografia.
Separação entre as palavras do texto.

Função dos sinais de pontuação:
- Uso no discurso direto e indireto (travessão, letra maiúscula, aspas, dois pontos).
- Divisão do texto em frases (ponto final, exclamação, interrogação e reticências).

Procedimentos

Explorar os diferentes usos sociais da escrita.
Utilizar o conhecimento referente ao sistema alfabético.
Confrontar a hipótese de escrita com a escrita alfabética, através de diversas fontes escritas, da produção em parceria com educadora e educandos.
Utilizar diversas fontes escritas para solução das dúvidas ortográficas (dicionário, companheiro de sala, educadora, listas de palavras de uso frequente, encontradas nos cartazes da sala ou nos cadernos e textos).
Controlar a adequação da letra para legibilidade da produção escrita.
Explorar o uso da pontuação (travessão, dois-pontos, aspas) entre discurso direto e indireto.
Explorar a divisão do texto em frases (ponto final, exclamação, interrogação e reticências).

Produzir textos:
- Textos da vida cotidiana: cartas, listas, receitas, informes internos da empresa, cartazes de uso na empresa.
- Textos literários: contos, lendas, poemas.
- Textos de tradição oral: literatura de cordel e provérbios.

Continua

- Textos dos meios de comunicação: jornal (notícias, anúncios, tabelas e gráficos).
- Textos de informação científica: textos informativos científicos e biografias.

Explorar as diferentes caracterizações linguísticas da diversidade de textos, através da análise de textos e de produções escritas.

Utilizar as estratégias para a produção e revisão textual: planejar o texto, utilizar roteiros, rascunhos, revisão, passar a limpo, etc. Durante o processo de produção e no final (nos dois momentos, com ou sem apoio da professora) para verificar a adequação ao gênero, a ortografia, a falta de informações, etc.

Utilizar a escrita para estudo de diferentes áreas, produzindo textos a partir de diferentes fontes.

Leitura

Princípios, Conceitos e Fatos

Leitura como busca de significado, estabelecendo relação do contexto com o texto, para antecipar e inferir sobre o sentido do texto.

Diversidade de textos de uso social:
- Textos da vida cotidiana: cartas, listas, receitas, informes internos da empresa, cartazes de uso na empresa, textos instrucionais, rótulos.
- Textos de gênero literário: contos, crônicas, lendas, poemas, letras de músicas.
- Textos de tradição oral: provérbios e literatura de cordel.
- Textos dos meios de comunicação: jornal (notícias, anúncios, artigos de opinião, quadrinhos, entrevistas, tabelas, gráficos).

Continua

- Textos de informação científica: textos informativos científicos de diferentes fontes (fascículos, enciclopédias, revistas, livros didáticos, etc.), relato histórico, biografia e verbetes de dicionário.

Procedimentos

Utilizar os índices do próprio texto (diagramação, título, foto, tipo de portador, etc.), estabelecendo relação do contexto com o texto, para antecipar e inferir sobre o sentido do texto (para os alunos que ainda não leem de forma independente como para os que leem).

Verificar no processo de leitura a veracidade de suas antecipações e inferências.

Socializar com o grupo experiências de leitura e compreensão.

Utilizar a leitura na busca de novas informações. Saber buscar a informação desejada.

Utilizar a leitura para apreciação e diversão.

Voltar ao texto lido para conferir informações.

Utilizar a leitura para revisar produções escritas.

Utilizar recursos externos para ajuda na compreensão (criar hipóteses e verificar no momento de socialização, buscar ajuda da educadora e dos companheiros do grupo, etc.).

LINGUAGEM ORAL

Procedimentos

Participar dos eventos de oralidade, ouvindo com atenção e intervindo sem sair do assunto, considerando que deve existir uma ordem para que todos deem suas opiniões.

Responder perguntas, contra-argumentar, introduzir temas referentes ao assunto discutido, etc.

Contar de forma clara os fatos, lendas, contos, literatura de cordel, que fazem parte de suas culturas regionais.

Continua

Apresentar seminários sobre temas estudados.
Apresentar resumo e opinião sobre textos jornalísticos selecionados pelos alunos.
Expressar opiniões críticas sobre assuntos discutidos.

Princípios/Conceitos e Fatos

Diversidade de textos orais:

- Textos de tradição oral: lendas, contos, literatura de cordel e provérbios.
- Textos de exposição de temas: aulas e seminários.

Adequação da linguagem à situação de comunicação.
Adequação do discurso ao nível de conhecimentos prévios do ouvinte.

NORMAS / VALORES E ATITUDES

Manifestar suas opiniões, ideias, sentimentos, interesses e experiências.
Saber ouvir e respeitar as opiniões, ideias, sentimentos, interesses e experiência dos outros.
Estabelecer relações dos conteúdos estudados e discutidos com a realidade de seu entorno.
Contra-argumentar.
Ter preocupação com o processo de comunicação, fazendo-se entender e procurando entender os outros. Valorizar o trabalho em cooperação.
Ser orientador em sua comunidade, levando os conhecimentos de que esta necessita.
Reconhecer a língua escrita como meio de adquirir informação, cultura e de resolver problemas concretos do cotidiano.
Utilizar no cotidiano a escrita e leitura de textos de uso social.

Continua

> Valorizar a leitura como forma de apreciação, lazer e informação para o seu cotidiano.
> Ser exigente quanto à sua produção escrita (escrita correta das palavras, adequação às características do texto, legibilidade, etc.).
> Ter postura de revisor de seus próprios textos.
> Interesse para ler ou ouvir a leitura de textos e selecionar textos de sua preferência.
> Participação nas discussões referentes às leituras realizadas.
> Análise crítica em relação aos textos de persuasão (impressos e da mídia) e em relação à realidade social.
> Interesse em trazer livros para a escola para serem socializados e levar livros da escola para casa.

Princípios norteadores do processo de ensino e aprendizagem significativo

Para o desenho do projeto de ensino e aprendizagem com adultos pouco escolarizados, organizamos princípios norteadores, considerando as situações de aprendizagem significativas. Entendemos que são passíveis de avaliação, não únicos e exclusivos, mas diretrizes para a organização e execução do trabalho.

Ressignificação dos Conteúdos em Princípios/ Conceitos/Fatos, Procedimentos e Normas/Valores/ Atitudes

A ressignificação dos conteúdos resgata sua importância no processo de ensino e aprendizagem, entendendo-os como formas ou saberes culturais que envolvem conceitos, explicações, habilidades, linguagens, fatos, valores, crenças, sentimentos, atitudes, interesses, condutas, raciocínios, etc., e o educador com função determinante para que o processo ocorra.

Contrapõe-se à concepção tradicional de Educação que pressupõe que existe um saber único e verdadeiro, de que o educador e o livro didático são os detentores, e, ainda, que o processo de ensino e aprendizagem se faz por transmissão e memorização acumulativa de conteúdos.

A organização curricular de conteúdos em princípios/conceitos/fatos, procedimentos e normas/valores/atitudes atribui a mesma importância aos diferentes tipos de conteúdos. A abordagem de um tema deve ser planejada de tal forma que propicie interação dos conteúdos, ou seja, o educador deve planejar situações de aprendizagem, considerando princípios/conceitos/fatos, procedimentos, valores/normas/atitudes relacionados ao tema de estudo, para que possam ser adequadamente ensinados e aprendidos.

A seleção dos conteúdos deve considerar o conhecimento que o educando traz (conhecimento de mundo, cultura, ideologia, práticas discursivas) para que a aprendizagem seja significativa. Não se pode limitar a seleção de conteúdos, mas selecionar conteúdos da cultura letrada significativos para o processo de desenvolvimento e aprendizagem, não impondo padrões e conceitos da cultura letrada, mas propiciando que os educandos possam participar da cultura letrada, formulando e reformulando valores, conceitos, atitudes.

Valorização e Utilização do Conhecimento Prévio

Os conhecimentos prévios são construídos pelos indivíduos em sua interação com o mundo através de processos sensoriais e perceptivos espontâneos para dar sentido às situações cotidianas, indutivos, através de transmissão social da cultura (crenças, valores, etc.), e por analogias.

Segundo Pozo (Coll *et al.*, 1992), não importa a origem da formação dos conhecimentos prévios. Para que a aprendizagem seja significativa, os educandos devem relacionar a nova informação ao conhecimento que já possuem, desenvolver, refletir, justificar suas ideias, compará-las com as do grupo, descobrir ideias diferentes e ter consciência delas. Para Freire (1991), valorizar o conhecimento que o educando traz deve ser o ponto de partida da aprendizagem.

Esse princípio, além de uma postura de respeito ao educando, considera que este, em interação com o contexto social, através de instrumentos de mediação, passou por processos de aprendizagem e desenvolvimento e traz muitos conhecimentos sobre conceitos, fatos, procedimentos e atitudes.

Para o educador, ter clareza desses conhecimentos anteriores contribui para planejar o desenvolvimento do trabalho, através de situações de aprendizagem significativas, que ativem, ampliem e/ou transformem o conhecimento. Em uma relação dialógica, o conhecimento que o aluno traz é respeitado, valorizado e utilizado para que se processe uma aprendizagem significativa.

Exemplificando a Teoria

A) Situação-problema para levantamento do conhecimento prévio

O objetivo era propor uma situação-problema para levantamento dos conhecimentos prévios referentes ao tema estudado (Projeto: produção de um livro com textos informativos sobre AIDS).

Com os conhecimentos que você tem resolva o problema: Todos os dias, vemos pela televisão ou lemos nos jornais notícias que contam sobre pessoas que morreram com AIDS. Usamos banheiros públicos, sentamos nos bancos dos ônibus, trens e metrôs, onde sentam milhares de pessoas que não conhecemos. Falamos, beijamos e respiramos próximos a outras pessoas. Se não sabemos quem está ou não com AIDS e se é tão perigosa, como não estamos todos contaminados pelo vírus da AIDS?

> *Rai:* Em primeiro lugar a gente não deve beijar na boca de uma pessoa que voce não conheça prisipalmente para algum tipo de relação por que enziste preservativo mais tem saber usar se não saber é mesmo que

nada nos todos sabemos que AIDS ensisti temos que ter muito cuidado.

Vice: Ela e perigosa nos temos que evitar dar um beijo envitar todas os perigos que eziste temos que envitar todos beijos porque é muito contagioza ela mata nos tem que ter muito cuidado com a segunda pessoa que pode esta contaminada sempre voce pode levar para casa para toda a familia todos amigos.

Vano: Eu conheço essa duença mais eu não acredito que pega em bancos de ônibus ou de metro eu acredito que não pega em banheiro tambem. Eu tambem sei como pega aids a aids é uma droga porque ela é muito facio de pegar tem varios tipos de pegar essa doença. Primeiro nunca ficar perto de uma pessoa com aids quando ela estiver sangrando.

Mané: Não existe, isso é ilusão, nunca vi ninguém com esse tipo de doença. (Ditou para a educadora.)

Para Vice, a AIDS se transmite pelo beijo, ou seja, através da saliva. Ele apresenta um discurso de preocupação com a transmissão: "Pode levar para a família, todos os amigos". Já Vano diz que não devemos ficar perto de uma pessoa sangrando, apresentando uma questão que foi muito discutida (o abandono de um portador do vírus da AIDS, os cuidados e as formas de transmissão). Rai não contesta que a doença exista e estabelece o preservativo como forma de prevenção, mas salienta a necessidade de saber usá-lo. Mané (silábico) dita o texto para a educadora, alega não acreditar na existência da AIDS.

A partir do levantamento de seus conhecimentos prévios, os educandos compartilharam e discutiram suas informações. Tal atividade nos auxiliou na organização e estruturação do projeto. Elaboramos situações de aprendizagem significativas, em que os educandos puderam relacionar os novos conteúdos com seus conhecimentos prévios.

B) Levantamento do conhecimento prévio, através de relatos dos alunos sobre as causas da seca no Nordeste.

O objetivo era reconhecer seus conhecimentos prévios, visando à organização de situações de aprendizagem significativas.

Pedro: Ressalta a falta de recursos do Governo Federal para o Nordeste, a falta de organização da população e o desmatamento. Sua análise da seca não está somente relacionada à falta de chuva, mas também à "população que maltrata o mato".
Toni: A seca é um aspecto que dificulta a vida no Nordeste, mas está relacionada ao "tempo" (clima).
Rai: Saiu da sua cidade em busca de dinheiro, porque lá tinha seca, mas não sabe explicar o porquê.
Rona: Diz que onde morava, no litoral paulista, não havia seca nem imaginava pensar sobre a seca. Para ele, a seca do Nordeste é culpa da própria população.

Apesar de ser um tema tão presente na vida desses indivíduos, para eles, o processo de abandono do Nordeste, as consequências da seca, a pobreza em que a população se encontra e a falta de alternativas são questões relacionadas com a própria população e o clima. Nesse momento, ainda era difícil perceber que existiam alternativas para o clima e para as mudanças sociais. Apenas Pedro ressalta a falta de recursos, ou seja, a falta de políticas públicas para as regiões carentes do Nordeste. Tais informações contribuíram para a organização do estudo e reflexão do grupo sobre o conteúdo.

Processo de Ensino e Aprendizagem da Língua Portuguesa, Tendo como Unidade Básica o Texto e sua Diversidade Social de Uso

Nosso objetivo é o desenvolvimento da capacidade de representação e comunicação, ou seja, o desenvolvimento da competência textual que envolve a capacidade de interpretar e produzir textos orais e escritos. Assumimos o texto como unidade básica e sua diversidade de uso social no processo de ensino e aprendizagem da língua oral e escrita.

Para que os educandos tenham o domínio da leitura e escrita das várias modalidades de textos de uso social, faz-se necessário propor situações de aprendizagem que contemplem o trabalho com as funções, tramas e caracterizações linguísticas dos textos (Kaufman & Rodrígues, 1993). É a partir dessa análise (lendo, ouvindo, comentando, reescrevendo, escrevendo, revisando, discutindo, analisando, etc.) que os educandos constroem conhecimentos para a elaboração, compreensão e análise de diferentes tipos de textos, ou seja, fazendo uso deles de forma organizada e sistematizada.

Tal processo supõe a aprendizagem de conteúdos conceituais, construída de forma gradual, com seleção e sequenciação no processo, para o que é necessário selecionar e sequenciar conteúdos procedimentais e atitudinais.

A partir das características peculiares de cada modalidade de texto, o educador retira elementos para organizar as situações de aprendizagem, avaliar e interferir nas produções dos alunos, objetivando a melhoria dos textos produzidos.

Considerando que alguns educandos ainda não possuem domínio do sistema alfabético, deve-se elaborar atividades de escrita com significado, para que utilizem e chequem suas hipóteses de escrita e, através do contato com a linguagem escrita, em interação com o educador e outros educandos, avancem na compreensão do sistema alfabético.

A reescrita de textos é bom recurso didático para uma aprendizagem significativa: o educando utiliza um modelo para se apropriar de uma estrutura textual. A aprendizagem se dá através do uso de bons modelos. A reescrita possibilita ao educando reconstruir o texto, imprimindo sua marca individual, apropriando-se da estrutura textual, de termos, tempos verbais, de conteúdos específicos, etc.

Esse recurso didático antecede a escrita de texto de autoria, tendo os educandos um modelo como referencial para análise e mais recursos para a produção de textos, dominem ou não o sistema notacional.

Exemplificando a Teoria

A) Alfabetizando através dos textos de uso social.

Os textos de dois educandos que ingressaram no projeto, sem o domínio do sistema alfabético, exemplificam o processo de aprendizagem da escrita (escrevendo textos) e sua possibilidade.

Marti

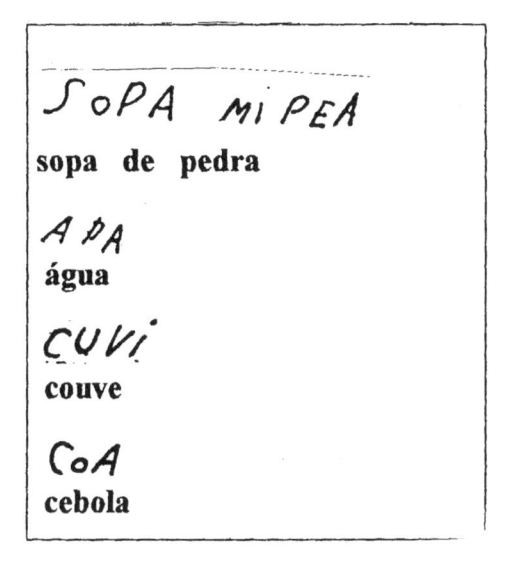

> ꭍoPA MI PEA
> sopa de pedra
>
> A PA
> água
>
> CUVI
> couve
>
> CoA
> cebola

Esta é uma das primeiras produções de Marti. A educadora leu o conto Sopa de Pedras para apreciação literária. Nesse período, estavam trabalhando com o texto instrucional – Receita. Lidos vários textos, pediu que trouxessem receitas, realizaram análises da configuração do texto, estabeleceram relações de como esse texto se apresentava no trabalho da obra, entre outras situações de aprendizagem. Após alguns dias da leitura do conto, retomou-o, propondo que escrevessem a receita da sopa de pedras, considerando os modelos estudados.

Nesse momento, Marti apresenta, em sua escrita, uma hipótese silábica mesclada com uma hipótese alfabética (a palavra sopa ele copiou). A sua produção indica que considerou a estrutura textual, colocando o título e os ingredientes em forma de lista. Como, para ele, escrever demandou muito esforço, deixou de escrever o modo de fazer.

Marti

> A AIDS E UMA DOENÇA MOTO PIRIJOSA
> MATA MUTAGETE EA ENRAQEC O CORPO O VIRU
> PENETRA MA CELULA DETRUIDO.
> TUMCTO GEITO DIPEGA PODE SEPEGA NUMA
> TRACZ

Depois de alguns meses, Marti produziu esse texto. Esta é a primeira versão para a produção do livro sobre AIDS (textos informativos científicos) que faz parte do Projeto. Para se chegar a essa primeira versão, muitas etapas foram percorridas. Não utilizou título, mas inicia o texto com o conceito: o vírus penetra nas células destruindo, o que demonstra o seu processo de construção conceitual. Não continua o texto escrevendo os temas derivados, limita-se a referir que existem vários jeitos de se "pegar" AIDS.

Demonstra um processo de aprendizagem do sistema alfabético, da escrita de textos informativos científicos e dos conteúdos estudados.

Mano

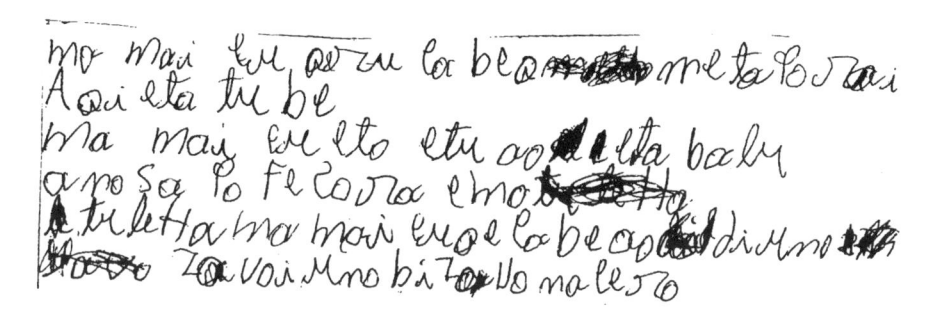

[texto manuscrito]

(Mamãe eu quero saber como está por aí/Aqui está tudo bem/Mamãe eu estou estudando e trabalhando/a nossa professora é muito legal mamãe eu quero saber o nome de nome do bisavô e o nome bisavó materno).

Essa é uma das primeiras produções do Mano, que ingressou no projeto no meio do ano e manifestava total desconhecimento da leitura e da escrita.

A produção faz parte do "Projeto Reprodução Humana", e eles deveriam escrever uma carta para os familiares, pedindo dados sobre os pais, avós e bisavós, para a organização de suas árvores genealógicas.

O texto apresenta característica de carta, mas faltam elementos (cabeçalho e despedida). Na escrita, apresenta a hipótese silábico-alfabética. Realizou uma boa produção, se considerarmos os conhecimentos que têm sobre o sistema de escrita, o tipo de texto e concepção pessoal de que não sabe nada.

Mano

> Sã Palu
>
> Basta aus na favelas
> l moto Peri tosu
> o Pe su au Fu ma marboia
> (li ao do Fu ma) Pe de A qa Besa
> i Pe Di u Di bru civoco no De
> liro Ba sirrea gi li mata

Realizada após alguns meses, essa produção faz parte do "Projeto Resgate da Cultura de um povo". A partir do trabalho desenvolvido com poemas (leitura, apreciação e análise da configuração), foi proposto que reescrevessem a poesia "Cidadezinha Qualquer" /Carlos Drummond de Andrade, colocando-a na ótica da cidade de São Paulo. Apresenta questões em relação ao domínio do sistema alfabético (troca c por q, g por h e faltam letras). Não apresenta mais uma hipótese silábica e as faltas de letras ocorrem porque escreve como fala (roba, dieru, moto, macoia). Escreve o texto, considerando sua configuração, ou seja, o texto se apresenta como um poema.

Mano

> São Palu
>
> Barracos nas favelas
> como to Peru tosu
> o pesuau fuma maconha
> (li to do fuma) pede a ta besa
> i pe di u diluu civo ot mo de
> liro ba sirtea gi li mata

Junto com Mano, a educadora marcou algumas palavras que ele deveria considerar na revisão. Mano substitui o q pelo c de forma generalizada, inclusive na palavra quando, escrevendo codo, remetendo-se à fala (condo), sem a letra n. Demonstra estar empenhado na aprendizagem do sistema alfabético e da escrita de textos.

Os exemplos evidenciam que se empenham em escrever as palavras (compreender e dominar o sistema alfabético) e os textos, considerando suas adequações, além de estarem aprendendo e elaborando conteúdos de outras áreas.

B) Reescrita de um conto de memória da infância a partir dos modelos estudados.

A proposta era a produção ou reescrita de contos de memória da infância. Antes, foi realizada uma sequência de atividades: leitura compartilhada e individual (pela educadora e pelos educandos), reescrita de contos diversos; resgate oral da memória literária da infância e da cidade de origem; escolha de um personagem de um conto que foi significativo na sua infância; leitura e análise de textos descritivos de personagens;

descrição oral dos personagens escolhidos, escrita dos textos descritivos e, por último, escrita dos contos.

Rona escolheu o personagem "Chapeuzinho Vermelho" para escrever o conto de memória de sua infância.

Ele seleciona, sem preconceito, o personagem e conto que representa ser mais marcante em suas lembranças literárias. Inicia o texto com um título, coloca a introdução, o conflito, o desenrolar; o desfecho fica reduzido e não finaliza. Quanto à escrita, apresenta questões ortográficas.

Chapeuzinho Vermelho
Era uma ves uma menininha que sempre gostava de ir sempre na casa da Vôvo zinha que morava dentro de uma Floresta bem longe da cidade e la havia um bicho que gostava de pegar crianças. Mais a menina nem dava comta do que avia na quela floresta - um belo dia ela achou de ir fazer uma vizita para a Vovô zinha com uma sesta dos gostozos bolinhos de chocolate ela saiu camtando uma bela camsam que diz assim.
Vou na floresta vou bem sozinha vou leva estes doces para Vovôzinha etc:
Bem ela foi a casa da Vó.
Quando ela chegou la adivinha que aconteseu o lobo mau tinha comido a velha e pegou a roupa dela e vestiu e comeu a menina.

Esta produção possibilita a reflexão sobre o uso de contos de fadas em trabalho com adultos pouco escolarizados. Em geral, considera-se inadequado o uso de contos de fadas para esse público, por fazerem parte do repertório infantil.

Os contos de fadas fazem parte de uma tradição oral e são veiculados mundialmente. São textos literários que despertam "o belo, o imaginário, a fantasia". A discussão sobre seu uso no trabalho com adultos deve estar vinculada à qualidade da adaptação, ou seja, à qualidade dos textos. Esta preocupação deve estar presente no trabalho com adultos e crianças, entendendo-se que fazem parte do repertório cultural literário e que devem ser utilizados como literatura de qualidade.

Uso de Bons Modelos de Textos (Textos de Qualidade)

O uso de bons modelos para leitura e escrita é ponto de partida para apropriação de um tipo de texto. Apropriação entendida como domínio da escrita e leitura, compreensão do conteúdo, conhecimento das funções, tramas e caracterizações linguísticas que definem e diferenciam um texto do outro.

É preciso evitar o uso de textos reduzidos, que subestimam a capacidade dos adultos de lidar com textos de qualidade e de uso social (textos literários de autores consagrados, informativos científicos, textos dos meios de comunicação, etc.).

Revisão Textual

Para produzir um texto, temos que pensar sobre o que vamos escrever, a forma mais adequada, escrever, ler, corrigir, reler, reescrever, reorganizar para que fique cada vez melhor e mais próximo do que queremos comunicar. Supõe ter participado de várias situações de aprendizagem significativas que contemplaram a leitura, a escrita e a análise da diversidade de textos de uso social de qualidade.

Retornar ao que já foi feito, distanciar-se do texto, tornando-o um objeto de análise, para revisá-lo, reorganizá-lo, reescrevê-lo, recriá-lo, envolve a construção do papel de revisor.

A apropriação do papel de revisor está vinculada à aprendizagem de conteúdos procedimentais, atitudinais e conceituais, para que os educandos os utilizem em todas as situações de produção da escrita.

O texto não está pronto, quando é acabado pela primeira vez, e isso deve ser entendido pelos educandos e educadores. Uma primeira versão não é suficiente. A interferência do educador deve estar pautada em situações de aprendizagem que antecederam a produção do texto, apontando pistas para auxiliar a revisão dos educandos.

Leitura como Busca de Significado

A leitura é um processo em que pensamento e linguagem atuam de forma transacional, em que o leitor busca significado no texto. É atividade que implica compreensão, em contraposição à leitura compreendida como processo de decodificação.

São as características do leitor (cultura, conhecimento prévio e linguístico, esquemas conceituais e o seu propósito de leitura) que possibilitam maneiras diferenciadas de interpretação dos textos. Nesse sentido, deve-se trabalhar com conteúdos que possam ampliar as características do leitor: conteúdos conceituais – que ampliem seus conhecimentos de mundo, prévios e linguísticos, e conteúdos procedimentais e atitudinais para que se tornem leitores competentes.

O processo de desenvolvimento da leitura só pode ocorrer através do constante ato da leitura. Nas situações de aprendizagem, o educando pode estar lendo ou ouvindo. Como ouvinte, também desenvolve estratégias de leitura e aprende comportamento de leitor, demonstrado pelo professor leitor.

As situações de aprendizagem de leitura significativa propiciam que todos os educandos, mesmo os não fluentes, busquem significado no texto, através dos índices que o próprio texto fornece: título, ilustrações, diagramação, tipo de portador etc. Aprender a ler implica desenvolver estratégias, os textos devem ter significado para os educandos e contribuir para o desenvolvimento do processo de ensino e aprendizagem.

Exemplificando a Teoria

A) As diferentes funções da Leitura na sala de aula.

O objetivo é que os educandos se tornem leitores fluentes, capazes de realizar leituras das várias modalidades de textos de uso social e que a leitura passe a fazer parte de suas vidas.

Propusemos situações de leitura que tivessem significado para os educandos. No início, não foi fácil, pois esse público vive bem distante do comportamento de leitor. Para o que é necessário a imersão no universo dos textos.

Considerando a heterogeneidade do grupo, estruturamos as situações de aprendizagem de leitura e análise, de forma que todos pudessem participar. A proposta era realizada em conjunto, explicitando-se o que deveria ser realizado, para que os educandos mais autônomos pudessem iniciar a atividade de leitura. A educadora centrava sua atenção nos educandos que ainda não realizavam leitura fluente. A estes cabia ler o título do texto, olhar a foto, a diagramação, inferir sobre o conteúdo do texto, etc., realizando antecipações, predições sobre o significado. Realizavam leitura e análise do sistema notacional: título, primeiras partes do texto, dividindo com a educadora partes lidas por eles e por ela, etc. Já os outros realizavam leitura autônoma.

Num segundo momento, o texto era lido pela educadora, discutido com o grupo e todos continuavam a atividade: selecionar as informações para estudo específico, responder questões, escrever o título para o texto, etc. Os que necessitavam continuavam com o apoio da educadora. Por último, todas apresentavam suas produções para a socialização e análise do grupo.

Nas situações de aprendizagem que envolvem buscar informações específicas, os educandos, em geral, limitam-se a reproduzir o que está escrito no texto. No início do projeto, os educandos procediam assim, porque tinham um modelo de escola, em que interpretar um texto significava copiar partes dele. Foi preciso aprender novos conceitos e procedimentos que envolviam a compreensão, análise e significado do texto.

As atividades de leitura das várias modalidades de textos fizeram parte de etapas previstas nos projetos didáticos e sequências de atividades, cumprindo diferentes funções:

- Ouvir e ler diversos textos literários (contos, crônicas, poesias, etc.) para apreciação, para gostar de ler, para conhecer a magia dos livros, para se interessar pela leitura dos livros.

- Ouvir e ler textos para uma aproximação, apropriação e diferenciação das várias modalidades de textos.
- Ler e ouvir textos para obter informações referentes a um tema estudado.
- Ler textos para buscar informações específicas.
- Ler textos para análise de sua estrutura e domínio para a escrita.
- Ler para revisar os textos.
- Ler em voz alta, para desenvolver essa habilidade.
- Ler textos para obter informações de âmbito geral.
- Ler textos para desenvolver estratégias de leitura.

Desde o início do projeto, foi realizada pela educadora a leitura compartilhada de livros literários. O objetivo era a apreciação literária, a descoberta da possibilidade de fantasias e de aventuras que existem dentro de um livro, a aproximação com esse tipo de estrutura, desenvolver o comportamento de leitor e fazê-los interessar-se pelo universo literário. Foram lidos Vidas Secas (Graciliano Ramos) e As Mil e Uma Noites (adaptação em português, por Julieta de Godoy Ladeira), Fábulas Italianas (Italo Calvino), O Jardim e a Primavera - A História dos Quatro Dervixes (Amir Khusru), Estrela Solitária - Um brasileiro chamado Garrincha (Ruy Castro), Contos de Assombração (coedição latino-americana), Contos de Lugares Encantados (coedição latino-americana), entre outros.

A atividade encaminhava para a aprendizagem de procedimentos. No início, os educandos mostravam muita resistência a entender que ouvir histórias faz parte do processo de aprendizagem. No decorrer do processo, fomos percebendo que necessitavam aprender a colocar-se como ouvintes.

Iniciamos a leitura compartilhada do livro As Mil e Uma Noites. Todos os dias, era lido um capítulo do livro. A escolha deveu-se à sua estrutura, pois, no final de cada capítulo, a personagem principal (Sherazade) inicia um conto que prossegue no capítulo seguinte, propiciando criar a expectativa. No dia seguinte, a educadora propunha o resgate da leitura do dia anterior (no início, um processo muito difícil, pois eles nem tentavam relembrar). Com o interesse no enredo do livro e *"para conseguir entender a parte da história que vai ler, é importante lembrar o que aconteceu ontem", "ouvir histórias ajuda a gente a pensar sobre as nossas coisas", "ouvir histórias serve para aprender a ler e escrever",* os educandos foram apropriando-se desse conteúdo.

Organizamos também uma biblioteca de livre acesso aos educandos, composta por livros literários, de divulgação científica, dicionários, jornais, revistas e outros trazidos pelos educandos: livros de receita, manuais da construção civil, literatura de cordel, sobre animais. Organizamos uma "roda de biblioteca" para que todos escolhessem um livro para ler e devolver na semana seguinte, mas essa dinâmica não agradou. Passaram a escolher os livros que mais lhes interessavam, trocando-os, quando achavam conveniente, alguns ficando com os livros bastante tempo, outros fazendo trocas semanais. Os livros eram comentados em grupo em diversas situações.

B) Desenvolvendo estratégias de leitura.

Propusemos a observação do texto, suas partes: título, formatação, portador, para o desenvolvimento de estratégias de leitura, conforme mostra o exemplo:

DIÁRIO DE OBSERVAÇÃO DA ORIENTADORA
Texto: Cortinas de Defesa

Antes de iniciar a leitura, a educadora propôs que observassem o texto.

Professora: O que vocês acham que contará este texto?
Educandos: É sobre um animal/É sobre um lagarto/É sobre cortinas de defesa. (As antecipações foram registradas na lousa.)
Professora: O que faz vocês pensarem isso?

Continua

Educandos: A foto, que parece um lagarto/O título, mas a foto é de um animal!
Professora: Leiam o título! Agora, sobre o que acham que este texto vai tratar?
Educandos: Não sei, cortinas de defesa, mas a foto é de um animal. Cortinas de defesa de um animal, lagarto.
(A educadora retoma as hipóteses anotadas na lousa e pede para que leiam a primeira linha do texto.)

Professora: E agora sobre o que acham que vai tratar este texto?
Educandos: Sobre répteis/Sobre répteis que têm membranas / Sobre animais répteis que têm membranas.
(A educadora propõe que leiam o texto.)

Após a leitura.
Educandos: Sobre a lagartixa de... de Ma-da-gas-car, que tem cortinas no olho.
Uma cortina que protege o olho.
Não é um lagarto. É uma lagartixa que tem uma cortina no olho para proteger o olho do pó da terra.
(A educadora listou, na lousa, as palavras cujo significado tinham dúvidas: Madagascar - membrana - répteis - ancestrais. As dúvidas foram resolvidas com o retorno ao texto, com o dicionário e discussões do grupo.)

Professora: Escrevam o que vocês aprenderam na leitura desse texto informativo e que não sabiam antes.

Alguns exemplos:
José: Eu aprendi que as lagartixas fecham os olhos quando sentem um tipo de ameaça ou perigo. E que existem 52 espécies de lagartixas.
Ponci: O que eu não sabia, era que tinha 52 espécies de lagartixas e também que tinha essa cortina protetora para proteger os olhos. Animal anfíbio eu não sabia.

Continua

> *Rona:* O que eu não sabia era que tinha 52 espécies de lagartixas nem que tinha essa ilha Madagascar. E que só essa lagartixa tem a pele no olho para proteção do pó e da terra.
> *Rai:* Eu aprendi como os animais se defendem. Principalmente como essa lagartixa porque ela é sensível. Essa lagartixa tem uma membrana que se fecha quando sente algum tipo de ameaça contra a poeira e a terra. Se ela não fechar pode cegar.
> *Toni:* O que eu aprendi é que em toda minha vida ainda não tinha ouvido falar que existiam tantas espécies de lagartixa na terra não sabia que Madagascar era o nome de uma ilha. Também não sabia o que era ancestrais e o que era membrana.

Pensar e escrever sobre o que sabem depois da leitura propiciam a continuação do processo, ou seja, de busca de significado.

Esse tipo de situação de aprendizagem, além de propiciar o desenvolvimento de estratégias de leitura (antecipar, predizer com alguns dados, verificar hipóteses, etc.), mostra que, mesmo não conhecendo os significados de algumas palavras, os educandos conseguem chegar a um significado geral do texto. Mostra, ainda, que a compreensão do texto está também relacionada aos conhecimentos prévios (de mundo, linguísticos e textuais) que extrapolam o texto em si.

Considerando a Diversidade

A diversidade é aspecto inerente às ações educativas e interfere diretamente no processo de ensino e aprendizagem. Muitos educadores de jovens e adultos consideram esse aspecto dificultador para o êxito dos trabalhos. A tendência é dividir a sala em grupos: mais fracos, médios e mais fortes, propondo atividades, objetivos e conteúdos diferenciados.

Como explicita Coll (1996), as características individuais dos educandos resultam da sua história pessoal e podem ser modificadas por suas experiências futuras, não são traços estáticos e fixos, mas em evolução.

A diversidade não deve ser considerada como obstáculo, mas como fator de enriquecimento para o grupo, mesmo porque os conhecimentos prévios, os interesses e motivações variam conforme os conteúdos.

"Aquilo que um aluno é capaz de aprender em um momento determinado depende, naturalmente, das suas características individuais, mas também e sobretudo do tipo de ajuda pedagógica a ele proporcionada" (Coll, 1996, p.138).

Considerar a diversidade implica em realizar intervenções pedagógicas diferenciadas. As situações de aprendizagem, objetivos e os conteúdos são os mesmos para o grupo de educandos, o que se diferencia é a intervenção do educador, considerando as características individuais para que todos os educandos cheguem ao objetivo proposto.

Ter clareza do objetivo da situação de aprendizagem é ponto determinante para o educador estabelecer as formas de intervenções pedagógicas.

Exemplificando a Teoria

A) Parceria com a educadora. Leitura de notícia, com perguntas sobre o conteúdo estudado.

Objetivo: ampliar as informações e possibilitar a discussão em grupo sobre o conteúdo em estudo. Essa situação de aprendizagem faz parte do início do "Projeto AIDS" e relaciona o trabalho de parceria entre educandos e educadora, assumindo esta o papel de escriba para os alunos que ainda não tinham o domínio do sistema alfabético.

1) O que é AIDS?
2) Como se transmite a AIDS?

3) Por que o hospital de Londrina estava sendo processado? (Referente à notícia lida.)
4) Como devemos nos prevenir para não pegar AIDS?

Marti

1) *é a doença que ainda não tem cura.*
2) *em relação sexual. pode ser numa seringa de injeção, se uma pessoa ferida tocar em outra que também esteja ferida.*
3) *por causa de uma transfusão de sangue, um menino de 16 anos pegou o vírus da aids.*
4) *usar camisinha e tomar injeção com agulha descartável.*

José

1) *é uma doença que contamina através da relação sexual sem o uso de preservativo. contamina também com a transfusão de sangue.*
2) *a aids se transmite através das relações sexuais sem o uso de proteção, com a transfusão de sangue e com o uso de seringas já usadas.*
3) *porque os médicos não tinham cuidado e aplicaram uma injeção com seringa contaminada.*
4) *se eu for sair com uma mulher que não conheço, combinar com ela para se prevenir.*

Nessa situação de aprendizagem, dois educandos ditam as respostas para a educadora. O objetivo da atividade era resgatar o que já sabiam e o que tinham compreendido da notícia lida.Ter a educadora como escriba contribuiu para se chegar ao objetivo. Essas parcerias são fundamentais porque, muitas vezes, os educandos têm clareza do que querem escrever, mas a falta de domínio do sistema alfabético os prejudica e frustra. Compartilhar das tarefas de escrita e de leitura com os alunos é muito importante e contribui para que possam realizar suas tarefas e se percebam produzindo e participando ativamente do processo. Na mesma situação, enquanto alguns alunos recebiam apoio direto da educadora, outros realizavam a tarefa sozinhos, garantindo momentos coletivos de leitura, socialização das respostas e análise.

Avaliação Constante no Processo de Ensino e Aprendizagem

A avaliação constante diz respeito ao processo de aprendizagem dos educandos e ao processo de ensino do educador.

O educando deve ser avaliado constantemente em todas as situações de aprendizagem, verificando-se suas conquistas em relação aos conteúdos trabalhados, considerando suas diferenças e conhecimentos anteriores.

Isso não significa transformar todas as atividades em "provas", atribuindo-se ao avaliado um conceito. O objetivo da avaliação é propiciar ao educador e educando compreenderem o processo de construção do conhecimento. Para isso é preciso tornar o ambiente um local, em que as dificuldades e especificidades são respeitadas, considerando que alguns necessitam de mais tempo que outros para aprender determinados conteúdos.

Podemos trabalhar também com atividades pontuais para sondagens ou, quando desejado pelos educandos, com conceitos.

Muitas vezes, as dificuldades na aprendizagem ou na realização de uma atividade estão relacionadas com o processo de ensino (orientações confusas do educador, encaminhamentos inadequados, despreparo para lidar com determinados conteúdos, etc.).

A avaliação das atividades não deve passar somente pelo crivo do que foram capazes de realizar ou não mas também pelo crivo avaliativo da proposta do educador (adequação dos encaminhamentos/orientação, a atividade em si, a escolha e exploração dos conteúdos, objetivos prévios e características dos educandos). Realiza-se, assim, a função da avaliação do processo de ensino e aprendizagem: um movimento em que conteúdos, objetivos, estratégias, projeto, etc., possam ser repensados e redefinidos.

Exemplificando a Teoria

A) Escrita de um texto de informação científica com o apoio de roteiro.

A partir da leitura, interpretação e reflexão sobre o texto com informações acerca de doenças sexualmente transmissíveis, foi proposto aos educandos produzirem um pré-texto (informativo científico) sobre gonorreia e sífilis.

A educadora propôs um roteiro, porém os educandos não o utilizaram como gerador e organizador de ideias, mas como modelo de texto. Organizaram o texto em forma de respostas ao roteiro, desconsiderando a caracterização do texto de informações científicas.

ROTEIRO

Nome da doença: gonorreia
Agente causador: bactéria
Sintomas: eliminando gotas de pus produzido pela inflamação da uretra e sente ardor quando urina
Prevenção: usar preservativo na hora do sexo
Cuidados: consultar o médico imediatamente, logo quando sente os sintomas
Outras informações: ...

Nome da doença: sífilis
Contato: sexual
Agente causador: a sífilis pode atingir o sistema nervoso e causar lesões em outros órgãos internos.
Sintomas: uma pequena ferida nos órgãos sexuais que pode até passar
Prevenção: tem que usar camisinha
Cuidados: primeira suspeita, deve-se procurar o médico
Outras informações: a sífilis

Continua

> *Nome da doença:* R gonorreia
> *Agente causador:* R bactéria
> *Sintomas:* R gotas de pus e ardor quando urina
> *Prevenção:* R não esquecer de usar preservativo
> *Cuidado:* R quando você sentir alguma coisa procurar enformações com os amigos depois ir aos médicos

Tal estratégia era nova para a educadora como para os educandos. O processo de aprendizagem do educador deve sempre ser levado em conta para se avaliar a produção dos educandos. O encaminhamento dado pela educadora direcionou a produção dos educandos. A avaliação constante do processo de ensino e de aprendizagem propiciou perceber que o resultado das produções dos alunos estava diretamente relacionado ao encaminhamento dado pela educadora.

Organização dos Conteúdos em Projetos e Unidades Didáticas

Os projetos didáticos são planos estruturados de forma organizada e lógica que proporcionam situações de aprendizagem de temas específicos, de leitura e de escrita. Contemplam, em sua caracterização linguística, um produto final que, para ser alcançado, necessita de um plano didático. Este abrange: o tema escolhido, objetivos (geral e específico), um destinatário real, seleção e caracterização dos diferentes tipos de textos (função, trama e caracterização linguística), caracterizações metalinguísticas predominantes nos tipos de textos selecionados, metas, etapas previstas, estratégias, conteúdos de outras áreas e avaliação. A organização dos conteúdos em princípios/conceitos/ fatos, procedimentos e normas/valores/atitudes também deve estar contemplada nos Projetos Didáticos. Podem ser compostos por conteúdos de outras áreas, configurando os Projetos Multidisciplinares, que expandem a concepção do processo de ensino e aprendizagem da linguagem para além da área de Língua Portuguesa.

As unidades didáticas são outra forma adequada de organização dos conteúdos. Contemplam a mesma organização de um projeto, porém não pressupõem um produto final. Em cada unidade didática, temos que definir os objetivos, os conteúdos, as formas de trabalho e de avaliação.

Na organização de um projeto, temos que considerar algumas premissas: deve ter um produto final, deve ser compartilhado com os alunos e não pode ser implantado sem a participação direta do educador na sua elaboração e organização.

As etapas direcionam as atividades, mas seu planejamento, a escolha dos textos não estão explícitos no projeto e cabe ao educador planejar e selecionar, considerando seus objetivos e qualidade.

Exemplificando a Teoria

Exemplo do resumo de dois projetos que foram desenvolvidos:

Projeto 1[1]

Produto Final e Destinatário	Objetivo Geral	Seleção Textos	Objetivo Geral de Língua Portuguesa	Etapas
Produção do livro *A voz do Brasil: história de um povo* (composto de poemas, autobiografias, contos e descrições de personagens, escritos pelos educandos). Destinatário: familiares, funcionários da obra e os produtores (alunos)	Resgatar a cultura popular de domínio desse público e suas histórias de vida, aprendendo a escrevê-las com adequação textual.	Contos. Lendas. Poemas e Literatura de Cordel. Definições. Biografias.	• Domínio da leitura e escrita dos diferentes tipos de textos selecionados. • Domínio do sistema da escrita. • Aprendizagem de procedimento de revisão.	• Levantamento e utilização dos conhecimentos prévios. • Atividade de leitura e escrita a partir de bons modelos dos tipos de textos selecionados. • Produções de textos. • Revisões textuais. • Edição final.

[1] Nos quadros não apresentamos os objetivos específicos de Língua Portuguesa nem de outras áreas, a caracterização dos textos selecionados, o processo de avaliação, a seleção de conteúdos conceituais, procedimentais e atitudinais nem o detalhamento das etapas previstas que constam nos projetos originais.

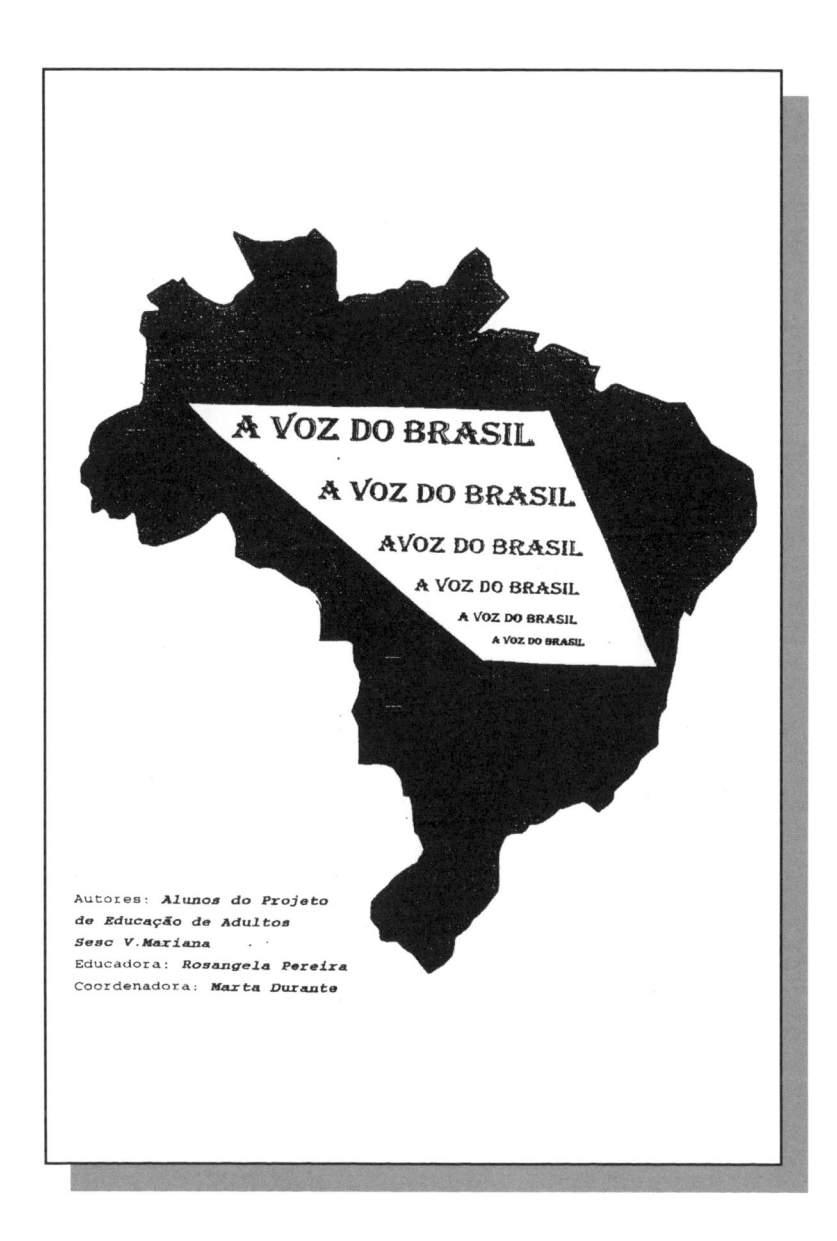

A VOZ DO BRASIL
A VOZ DO BRASIL
A VOZ DO BRASIL
A VOZ DO BRASIL
A VOZ DO BRASIL
A VOZ DO BRASIL

Autores: **Alunos do Projeto de Educação de Adultos Sesc V.Mariana**
Educadora: **Rosangela Pereira**
Coordenadora: **Marta Durante**

CIDADE DE SÃO PAULO

CASAS ENTRE PRÉDIOS
MULHERES ANDAM EM CIMA DO CALÇAMENTO
NA CIDADE DE SÃO PAULO
HOMEM ANDA LIGEIRO
SE NÃO É ATROPELADO, COITADO!
AQUI TUDO É CORRERIA.

ÊTA VIDA TRABALHOSA!

ANTÔNIO OLIVEIRA DA SILVA

CIDADE DE SÃO PAULO

A CIDADE DE SÃO PAULO É MUITO MOVIMENTADA
E O PESSOAL CORRE MUITO PARA O TRABALHO TODO O DIA CORRE DE CASA PARA O SERVIÇO

PAULO SÉRGIO DE ANDRADE

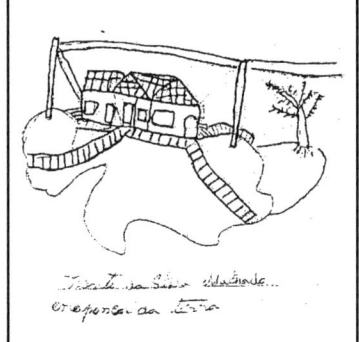

CIDADE DE SÃO PAULO

TEM BARRACO NO BARRANCO
MULHER SOBRE A LADEIRA
HOMEM VAI DEPRESSA COM PRESSA
CACHORRO CORRE DA CARROCINHA
BURRO VIAJA DE CAMINHÃO.

DUAS JANELAS QUE SE ABREM
SEM POR AS MÃOS
MEU DEUS QUE TRISTEZA!

VICENTE DA SILVA MACHADO

PERSONAGEM: LOBISOMEM

É um animal grande em forma de cão, peludo e dentes afiados. Ele aparece em noite de lua cheia e na quaresma.

Mãe que tem sete filhos homens um desses filhos vira lobisomem.

Ele sai de casa na noite de lua cheia, vai até um curral, tira a roupa e se espoja em cima da sujeira do gado.

Transformado em um animal feroz sai a procura de alimentos que são goiabas podres, panos nos varais, ovos, galinhas, raízes, etc.

Para desencantar o lobisomem, basta apenas tirar um pouco do seu sangue ou dar uma espetada.

Cézar Jeova Araújo Cruz

QUEM CONTA UM CONTO!

O HOMEM LOBISOMEM

NUMA NOITE DE LUA CHEIA UM HOMEM SAIU PARA CAÇAR NA MATA VIRGEM.
PASSANDO DA MEIA NOITE. O HOMEM PRESSENTIU UNS RUÍDOS. ERA ELE O LOBISOMEM.
DEPOIS QUE ELE VIU AQUELA COISA ESQUISITA NA FRENTE DELE. PEGOU O SEU CAVALO DISFARÇADAMENTE E O BICHO OLHANDO PARA FRENTE RESMUNGANDO:
– RUUUM. RUUUM.
– NÃO VÁ EMBORA JOÃO EU VOU TE COMER.
O JOÃO NÃO PENSOU DUAS VEZES MONTOU NO CAVALO E FALOU:
– ANTES DO SOL NASCER EU VOLTO PARA TE MATAR. OBRA DO CÃO!
O JOÃO FOI ATRÁS DO AMIGO DELE E VOLTOU. CHEGANDO NO MESMO LOCAL, O BICHO NÃO ESTAVA MAIS LÁ. ASSIM O JOÃO FOI NA BUSCA DO BICHO.
AMANHECENDO ELE ENCONTROU A FERA. O JOÃO FALOU:
– JÁ QUE ELE NÃO ESTÁ VENDO, NÓS VAMOS VER O QUE ELE VAI FAZER.
O LOBISOMEM FOI ATÉ A CAMA DE UM CAVALO E COMEÇOU A SE ENROLAR. OS PELOS COMEÇARAM A CAIR OS DENTES COMEÇARAM A SUMIR. O JOÃO E O AMIGO DELE, SE ARREPIARAM COLOCARAM AS MÃOS NO ROSTO E FALARAM:
– NOSSA QUE COISA ESQUISITA. É A TRANSFORMAÇÃO DE UM LOBISOMEM.
NUM PISCAR DE OLHOS O BICHO DESAPARECEU E VIROU UM HOMEM DESPIDO.
O JOÃO, QUE ESTAVA ESCONDIDO FALOU:
– EI! VOCÊ AÍ. OLHE PARA MIM. O HOMEM OLHOU COM A CARA TODA CABELUDA E O JOÃO FICOU OLHANDO, OLHANDO, DE REPENTE O JOÃO DESCONFIOU, ELE ERA UM INIMIGO SEU E JÁ QUE ELE VIRAVA LOBISOMEM O JOÃO O MATOU E NUNCA MAIS ELE VIROU O LOBISOMEM.
E ASSIM É CHAMADO O HOMEM LOBISOMEM.

VAGNO BARBOSA DO AMARAL

MEMÓRIAS

FRANCISCO MOURA

EU NASCI EM 1968 NA CIDADE DE PICOS, PIAUÍ. MEU PAI ERA MUITO POBRE, TRABALHAVA NA ROÇA E POR ISSO NÃO PODIA ME DAR UMA BOA VIDA. AOS 10 ANOS DE IDADE COMECEI A TRABALHAR NA ROÇA, PARA AJUDAR MEUS PAIS.
EU TINHA UM SONHO, MAS NÃO PODIA REALIZAR, POR QUE EU PRECISAVA ESTUDAR MAS MEUS PAIS NÃO TINHAM CONDIÇÕES DE PAGAR UMA ESCOLA E NEM COMPRAR MATERIAL ESCOLAR.
NÓS MORÁVAMOS NO SÍTIO, NOSSA CASA ERA DE PALHA DE COCO, NOSSO PATRIMÔNIO ERA UM JUMENTO, CINCO CABRAS E OITO PORCOS. MESMO ASSIM, NÓS ÉRAMOS MUITO FELIZES. AOS 15 ANOS DE IDADE EU GANHEI O MEU PRIMEIRO PRESENTE DE ANIVERSÁRIO, PARA MIM, ERA DE GRANDE VALOR, ERA UMA BOLA DE FUTEBOL.
AOS 16 ANOS DE IDADE, MUDAMOS PARA A CIDADE PORQUE NÃO CHOVIA NO CAMPO PARA PLANTARMOS, MAS NA CIDADE NÃO TÍNHAMOS EMPREGO.
AOS 17 ANOS VIM PARA SÃO PAULO, ASSIM COMO MUITA GENTE, TENTAR UMA VIDA MELHOR. MAS PARA MINHA FRUSTRAÇÃO O ÚNICO EMPREGO QUE CONSEGUI FOI DE ENGRAXATE. EU TRABALHEI DOIS ANOS COMO ENGRAXATE E DEPOIS, PASSEI A TRABALHAR COMO LAVADOR DE CARROS, MAS NÃO CONSEGUIA MANDAR DINHEIRO PORQUE O QUE EU GANHAVA ERA MUITO POUCO E NÃO DAVA PARA MANDAR PARA OS MEUS PAIS. O TEMPO FOI PASSANDO AÍ MEUS IRMÃOS VIERAM TAMBÉM, TRABALHAMOS JUNTOS, CONSEGUIMOS MANDAR BUSCAR NOSSOS PAIS. AQUI EM SÃO PAULO NÃO FOI DIFERENTE, NÓS FOMOS MORAR NUM BARRACO DE MADEIRA, NUMA FAVELA. DEPOIS CONSEGUIMOS COMPRAR UMA CASA.
NO MEU SERVIÇO CONHECI UMA MENINA, COMEÇAMOS A CONVERSAR MAIS A CADA DIA, NADA DE SENTIMENTO DIFERENTE. QUANDO NÓS PERCEBEMOS, NÓS JÁ ESTÁVAMOS NAMORANDO. HÁ SEIS MESES ESTOU CASADO E ESTOU MUITO FELIZ.
HOJE TRABALHO NA MÉTODO E ESTUDO. SEI QUE QUANDO TEMOS UM SONHO, TEMOS UM IDEAL.

Projeto 2

Produto Final e Destinatário	Objetivo Geral	Seleção Textos	Objetivo Geral de Língua Portuguesa e Ciências	Etapas
Produção de um livro com textos informativos sobre AIDS. Destinatário: comunidade, funcionários da obra e os produtores.	Aprender a ler e escrever textos de informações científicas. Ampliar as informações sobre a AIDS, ser um orientador na sua comunidade e mudar o comportamento.	• Textos de informação científica e notícias de jornal e revistas.	• Domínio da leitura / escrita de textos de informação científica. • Domínio do sistema da escrita. • Aprendizagem de procedimentos de pesquisa e revisão textual. • Compreensão de que consiste a AIDS, prevenção, contaminação e atendimento aos portadores. • Ser um orientador e mudar comportamento.	• Levantamento e utilização dos conhecimentos prévios. • Atividade de leitura, escrita e análise a partir de bons modelos dos tipos de textos selecionados. • Pesquisa, estudo e reflexão do grupo sobre o tema. • Produções de textos. • Revisões textuais. • Edição final.

AIDS

AIDS

AIDS

AIDS

AIDS

AIDS

AIDS

O QUE É AIDS

A AIDS TEM UM VIRUS QUE É MUITO PERIGOSO, QUANDO PEGA NAS PESSOAS ATACA AS CÉLULAS QUE É A DEFESA MAIS FORTE DA PESSOA.

AIDS É UMA DOENÇA PERIGOSA E MATA NÃO TEM REMÉDIO PARA CURAR O REMÉDIO É SE PREVINIR PARA NÃO PEGAR PORQUE É MUITO FÁCIL EVITAR. QUANDO FOR TER UMA RELAÇÃO SEXUAL TEM QUE USAR PRESERVATIVO E NÃO USAR DROGA PRINCIPALMENTE EM TURMA. O TIPO DE DROGA QUE TRANSMITE O VÍRUS DA AIDS É O TIPO DE DROGA QUE É INJETADA E TRANSMITE POR CAUSA DA AGULHA, SE FOR USADA POR OUTRAS PESSOAS.

SE PRECISAR DE SANGUE TEM QUE USAR SANGUE EXAMINADO E TEM QUE USAR APARELHO DESCARTÁVEL QUE NÃO CORRE RISCO NENHUM.

A AIDS É MUITO PERIGOSA É A DOENÇA MAIS PERIGOSA, MAS NÃO PEGA NO BEIJO E NEM COM ABRAÇO E TAMBÉM NÃO PEGA EM ACENTO DE ONIBUS E TREM.

AIDS É UMA DOENÇA PERIGOSA MAS TAMBÉM É FÁCIL DAS PESSOAS SE DEFENDEREM POR QUE ELA NÃO VEM DO VENTO O VÍRUS SÓ VEM ATRAVÉS DE UM LÍQUIDO QUE FAZ PARTE DO SANGUE.

RAIMUNDO MARCOLINO NETO

O QUE É A AIDS

A AIDS É UM VÍRUS QUE DEIXA O CORPO FRACO E DESTRÓI AS CÉLULAS DO SANGUE FAZ EMAGRECER E PODE ATÉ MATAR.

TÊM VÁRIOS TIPOS DE PEGAR A DOENÇA.

AIDS PODE PEGAR POR TRANSFUSÃO DE SANGUE, AGULHA USADAS POR VÁRIAS PESSOAS E POR AGULHAS USADAS COM DROGAS INJETÁVEIS NAS VEIAS.

COMO PREVINIR ESSAS DOENÇAS:

USAR SEMPRE O PRESERVATIVO E NUNCA CHEGAR PERTO DE UMA PESSOA COM VÍRUS SE ELA ESTIVER SANGRANDO. O VÍRUS DA AIDS AMEAÇA A POPULAÇÃO.

PARA EVITAR A AIDS É PRECISO EXAMINAR A PESSOA QUE VAI FAZER A TRANSFUSÃO DE SANGUE, E OLHAR SE,. A INJEÇÃO É DESCARTÁVEL.

E NÃO MAIS USAR DROGA INJETÁVEL E SEGUIR INSTRUÇÕES DO SEU MÉDICO

VAGNO BARBOSA DO AMARAL

A organização dos projetos mantém altas as expectativas de aprendizagem desse público. Trabalhamos com um grupo heterogêneo em que o processo avaliativo considera as diferenças e a pluralidade em suas conquistas individuais. Nem todos os objetivos foram alcançados com todos os educandos; houve pluralidade de aprendizagens. Todos tiveram acesso ao mesmo processo de ensino e aprendizagem, considerando que o conhecimento é construído de forma gradual e processual.

A partir do trabalho com Projetos, trabalhamos com textos de uso social, vinculados ao estudo de temas que tornam o processo de ensino e aprendizagem (das várias modalidades de textos e conteúdos específicos) mais amplo e significativo para esses adultos.

Exemplificando a Teoria

A) Escrevendo e construindo o papel de revisor. Aprendendo a escrever textos de informações científicas, construindo procedimentos e atitudes de revisor.

As situações de aprendizagem explicitam a organização proposta para a produção dos textos do livro (AIDS), a construção do papel de revisor e o domínio do sistema alfabético, tendo o texto como unidade básica.

As análises das produções dos alunos não visam à análise de discurso, mas se constituem em recurso didático para o processo de ensino e aprendizagem das características linguísticas do texto (Kaufman e Rodrígues, 1993).

Para chegar à produção de um texto final, foi proposta uma sequência de atividades: 1. em grupo, organizar um roteiro com as informações que tinham sobre o assunto estudado e que consideravam fundamentais para constar no texto; 2. escrever um pré-texto, que deveria passar por revisões para chegar à escrita do texto final; 3. revisão pela educadora (com o apoio de bilhetes), apontando informações que poderiam ser complementadas, retornando o texto para a revisão dos educandos; 4. retornar ao pré-texto para complementá-lo; 5. digitar os textos com o objetivo de organizá-los e proceder à revisão ortográfica; 6. revisão dos textos digitados; 7. revisão em conjunto com a educadora; e 8. edição final.

Toni

Pré-Texto 1

> O que é aids?
> É um virus que pode cer transmitido de uma pessca para outra.
> Como se transmite a aids? usando sangue de outra pessa, que tem aids, transar com pessaa que tem aids sem usar preservativo. a mãe pode transmite para o bebê no ventre ou amamentando, usar drogas engetada com a seringa usada pelo o aidético. A aids se espalha por todo corpo atacando todas as célula protetora destruindo todas suas forsas até causar a morte. Como se prevenir usar sempre camizinha na Hora da transa com a pessoa desconhecida não usar sangue se não for ensaminado pelo o laboratorio. Se tiver ferimento cuidá bem pra que sare emediato e mantê sempre coborto para envitar que aifa contato com o sangue de outra pessoa.

Toni inicia com o título. No primeiro texto, utiliza roteiro como parâmetro para a organização do seu texto. Introduz o tema central — O que é AIDS? — para iniciar seu texto, porém, limita-se a dizer que é um vírus transmissível. Continua o texto, escrevendo os temas derivados, respondendo às perguntas e mantém a objetividade e precisão nas informações dos temas derivados. Usa ponto final para separar os temas derivados e vírgula, nem sempre de forma correta.

Bilhete

Ampliar as informações sobre o que é AIDS.
Explicar como uma pessoa que tem o vírus da AIDS deve se cuidar.

Texto 2

> Como Se Cuida Se tiver O virus da aids. Procura se alimentar O maximo Possive, não ficar Pisto de Pessoas que tem outros tipo de doença e não se preocupa por sofrer deste tipo de virus e não se entregar a tristesa e Procura ficar sempre Contente.

Após o bilhete, introduz nova parte no final do texto, sem alterar as informações anteriores.

Texto Digitado e Revisado

O QUE É AIDS?

É UM VÍRUS QUE PODE CER TRANSMITIDO DE UMA PESSOA PARA OUTRA.

COMO SE TRANSMITE A AIDS? USANDO SANGUE DE OUTRA PESSA, QUE TEM AIDS, FAZER SEXO COM PESSOA QUE TEM AIDS SEM USAR PRESERVATIVO, A MÃE PODE TRANSMITI PARA O BEBÍ, NO VENTRE OU AMAMENTANDO, USAR DROGAS ENGETADA COM A SERINGA USADA PELO O AIDETICO. A AIDS SE ESPALHA POR TODO CORPO ATACANDO TODAS AS CÉLULAS PROTETORA DESTUINDO TODAS SUAS FORSAS ATÉ CAUSAR A MORTE. COMO SE PREVENIR USAR SEMPRE CAMIZINHA NA HORA DA TRANSA COM A PESSOA DESCONHECIDA, NÃO USAR SANGUE SE NÃO FOR ENSAMINADO PELO O LABORATÂRIO, SE TIVER FERIMENTO CUIDÂ BEM PRA QUE SARE EMEDIATA E MANTER SEMPRE COBERTO PARA ENVItar QUE AIJA CONTATO COM O SANGUE DE OUTRA PESSOA.

COMO SE CUIDA SE TIVER O VIRUS DA AIDS? PROCURA SE ALIMENTAR O MAXIMO PUSSIVE, NÃO FICAR PERTO DE PESSOAS QUE TEM OUTROS TIPO DE DOENÇA, E NÃO SE PREUCUPA POR SOFRER DESTA TIPO DE VIRUS E NÃO SE ENTRGAR A TRISTESA E PROCURA FICAR SEMPRE CONTENTE.

1: Como Pegar
2: Pessoa
3 BEBÊ
4. DESTRUINDO
5 CUIDAR
6 EMEDIATAMENTE E MANTER
7 NÃO AJA
8 DOENÇAS

9 DESESPERAR POR SOFRER DESTE TIPO DE DOENÇA PROCURA FICAR SEMPRE TRANQUILO, E TER CUIDADO PARA NÃO TRANSMITIR PARA OUTRAS PESSOAS E PARA NÃO PEGAR OUTROS TIPOS DE DOENÇAS

Substitui algumas palavras que considera inadequadas e corrige outras com erros de ortografia, numerando-as e reescrevendo-as corretamente numa parte fora do texto (procedimento adquirido através de situações de revisão textual). Em algumas partes do texto, reescreve as informações, ampliando-as. Decide, em conjunto com a educadora, escrever o texto em tópicos. Em todas as suas revisões, não consegue ampliar o tema central, só alterando os temas derivados, mas a sua revisão não se limita à ortografia, faz revisões de adequação de termos: "transar" para "fazer sexo", revisa e complementa os temas derivados.

Edi

Texto 1

```
AIDS E A MATA'DO MUDO
UM DUENSA PERIGOZA
E LA ETE CU EI RA
PORGE ELA ACABA    COM O CORPO
DO SEUMANO    EN VITE A PIRIGOZA
UZA NO CAMIZINA
```

A primeira parte do seu texto parece ser o título, não inicia com o tema central e os temas derivados são restritos. Nesse momento, está adquirindo compreensão alfabética da escrita (ingressou no projeto com uma hipótese silábica). A escrita da palavra "usano" está relacionada a escrever como se fala; em geral, os educandos falam "usano", "fazeno", excluindo o "d".

TEXTO 2

AIDS É A MATADERA DO ~~MUDO~~ MUNDO
UMA DUENSA
UM ~~DUENSA PERIGOZA~~
ELA ETEÇUEIRA
PORQUE ELA ACABA COM O CORPO DO SER UMANO
ENVITE A PIRIGOZA UZANO CAMIZINHA

AIDSE ES TANMUDO TODO
UANMOCOLA PORA UZANO
CAMIZA NÃO TOAO DE PACERA

    Quando a educadora entregou o texto digitado, ele disse: "Não é possível que eu escrevi assim, foi quem digitou que escreveu errado". Realizou sozinho a correção ortográfica. Em uma segunda revisão, em conjunto com a educadora, leram o texto e discutiram sobre as informações que poderia utilizar para complementá-lo. Acrescenta um conselho para a prevenção. A palavra mundo, em que havia colocado o "n", escreve-a novamente sem o "n", demonstrando oscilação em relação ao sistema de escrita.

José

Texto 1

> CO SÍ DEVE EVITAR AIDS TOMA CUIDA NECESA
> IO
> AIDS E UMA DOENÇA QE NAO TN CURA
> EVITE RELACOE QO MULH

Na produção do primeiro texto, mostra evolução na aprendizagem do sistema alfabético, considerando que, quando ingressou no projeto, apresentava uma hipótese silábica. Quanto à estrutura textual, escreve o título misturado com o texto, não inicia com o tema central e escreve poucas informações sobre os temas derivados.

Texto 2

CO SI DEVE EVITAR AIDS TOMA CUIDA NECESAIO

AIDS E UMA DOENÇA QE NAO TN CURA EVITE RELACOE QO MULH

> QUE VOCE NÃO CONHECE
> O USO-DE PREZERVATIVO-E MUITO
> EMPORTAMTE
> CUIDADO-COM-TRANSFUZOÊS DE SANGE

Não recebeu bilhete. A educadora leu o texto com ele e discutiram sobre as informações que ele poderia acrescentar ao texto. Não altera o texto digitado, mas o complementa com outras informações. Suas produções demonstram que está aprendendo o sistema de escrita, a escrever textos e a revisá-los

Os dois últimos educandos produzem textos próximos de informativos científicos, construindo procedimentos de revisor e aprendendo o sistema de escrita. Seus textos devem ser analisados a partir da pluralidade, diferenças e conquistas individuais.

Com o uso desse procedimento, em diferentes situações de aprendizagem, os educandos foram se apropriando do papel de revisor.

B) Reescrevendo contos e construindo o papel de revisor.

A atividade consiste na reescrita de contos para o domínio da leitura e escrita. Vamos analisá-la a partir de dois aspectos:

- Possibilidade de os educandos produzirem textos próximos da caracterização linguística desse tipo de texto.
- A possibilidade de construção de conhecimento, através de outras situações de aprendizagem, retornando, depois de algum tempo, ao texto reescrito para revisá-lo, reescrevê-lo, construindo e transformando conhecimentos.

Vice

TEXTO 1

> Pedro URDEMALES
> primero ele tratava duns porco
> parou tres viajante eles queria
> comprar V ele avendeu todos com
> rabo cortado ele chamou u
> patrão para tira porco da
> lama ele estava so rabo
> de fora ele aramou uma
> corda para tira porco lama
> puxou corda rebentou ele
> ficou todos lamiado ele
> Pedro, ficou dando rissada
> ele já estava com u
> deneiro nu borco ele estava
> dando risado da pobres

    Inicia, misturando a introdução com o título, coloca o conflito, resolve-o e finaliza o conto. Suprime palavras, o que torna o texto menos compreensível, apresenta erros de concordância nominal (três viajante) e concordância verbal (eles queria). Utiliza o pronome pessoal acompanhado do substantivo próprio: "ele Pedro ficou dando risada", levando a crer que, se utilizasse só o pronome, não ficaria claro quem estava realizando a ação. Apresenta falta e trocas de letras. Não utilizou diálogos nem marcas gráficas.

Texto 2

Pedro Urdemales

Pedro cuidava dos porcos, quando o
Patrão dele foi embora iam passando
— um homem e falou; Pedro quer avender
esses porcos. sim eu quero mas sem
o rabo! Ta bom eu conpro.
Pedro cortou os rabos dos porcos e
enterrou na lama chamou o patrão
— Patrão os porcos se atolaram na lama
e correu e disse traga me um
laço Pedro correu trouxe a corda
amarrou no rabo do porco.
Pedro como e malandro, não puxou
o Patrão puxou, so caiu na lama,
e desistiu o Pedro foi quem ficou.
gozmbando com a cara do seu patrão.

Na revisão e reescrita, utiliza corretamente a caracterização linguística do conto, sendo mais compreensível. Utiliza diálogos e demonstra saber que estes exigem marcas gráficas, que usa, às vezes, de forma correta e outras, não. Apresenta menos questões ortográficas, falta e troca de letras, demonstrando avanços em decorrência das várias situações de aprendizagem de que participou.

Dida

Texto 1

PEDRO URDEMALES

PEDRO TAVA NU CHIQERO DUES
PORCO PASO U COPRADO
PREHOTO SE ELE VENDE
OSE PORCO PEDRO FALO Q
SO VEDO SEI O RABO
I ELI VENDEO US PORCO
FOI CORENDO A ODE TAVA
O PATRÃO FALO QE OSE
PORCO ESTAVA ITERADO
NALAMA

Na produção do texto, Dida, que ingressou no projeto silábico-alfabético, demonstra ter questões quanto ao sistema alfabético (falta e troca de letras). Escreve o título separado do início do conto, a introdução, inicia o conflito, não o desenvolve e se direciona para a resolução do conflito, não terminando a resolução nem a finalização do conto.

Texto 2

PEDRO URDEMALES

TAVA NO LAMASAO DE PORCO IA PASANDO UM VIAGANTE PEGUNTO SE PEDRO VENDE OS PORCO ELE FALO. VENDO. MASI SEI.O RABOS EU COMPRO PEDRO VENDEU TUDO SEI. O RABOS.OA ENTARO PRADENTO DO LAMASAU COROTARO USE RABOS INTERARO NA LAOMA PEDRO PEGO. U LAÇO FOI COREND NU PATRAU E FALO QE USE PORCOS SI TERARO NA LAMA O PATRÃOU VEIO CORENDO PEGO UMA CORDA AMARRO U RABOS E POXUO Q SESBURATARO NA LAOMAS QE CAIRU DE PERENA PRA SIMA

Apresenta avanços em relação à compreensão do sistema alfabético, tem mais trocas de letras do que falta, demonstrando possuir mais informações sobre o sistema alfabético e reflexão sobre a adequação de seu uso. Apresenta questões de concordância nominal (os porco), os verbos no pretérito perfeito, na sua maioria, estão escritos sem "u" (ele falo, pego), o que se deve à maneira de falar.

Mistura o título com o início do texto. Escreve a introdução, inicia o conflito, seu desenrolar, a resolução, mas não escreve a finalização do conto. Utiliza marcas gráficas (ponto final), porém ainda não sabe direito onde colocá-las. Escreve diálogos sem marcas gráficas. Nessa segunda produção, demonstra avanços em relação à caracterização linguística do texto e ao sistema notacional, tendo ainda um caminho a percorrer.

A educadora em formação

A organização curricular para esse período de trabalho foi realizada por mim. O processo de ensino e aprendizagem com os educandos, pela professora em parceria e constante orientação.

Todo o material didático foi construído no decorrer do próprio processo. O objetivo era também a compreensão da concepção curricular, através da teoria e da prática, e o desenvolvimento gradual da autonomia da educadora.

Ela própria passou por um processo de ensino e aprendizagem, aprendendo conteúdos conceituais, procedimentais e atitudinais, correspondentes ao seu papel. *"Este processo tem sido muito importante no desenvolvimento da minha postura como educadora, pois possibilita estar estudando e confrontando teorias, utilizando-as na prática e questionando-as".*

O processo de avaliação constante foi de suma importância para confrontar o trabalho com os pressupostos assumidos.

A educadora tinha experiência no trabalho de alfabetização de adultos. Eram novidades a possibilidade de centrar o processo de ensino e aprendizagem da Língua Portuguesa nos textos de uso social; os conteúdos conceituais referentes às tramas, funções e caracterizações linguísticas dos textos e os conteúdos procedimentais e atitudinais para o desenvolvimento do processo de ensino e aprendizagem.

Os conhecimentos foram construídos pela educadora, de forma gradual e processual, a partir da teoria e da prática, em parceria, levando-a à conquista da autonomia, legitimando-se e legitimando o projeto curricular.

Tal concepção de educação envolve o comprometimento do educador com a pesquisa e mudança de postura: *"Esta metodologia consiste em ampliar a concepção de ensino e aprendizagem da leitura e escrita e proporciona ao professor se aprofundar nestes conceitos. Não se pode, portanto, preparar aulas ou atividades, sem se ter estudado bastante o que vai ser trabalhado (os tipos de textos, os conceitos matemáticos, etc.). A facilidade é que, após estudar bastante, temos mais segurança em conduzir a aprendizagem e os educandos conseguem perceber o que estão aprendendo"* (professora).

Construindo um novo modelo de ensino e aprendizagem

Respeitar e utilizar os conhecimentos prévios dos alunos, propor que escrevam a partir de suas hipóteses, leiam textos (ajudando-os a buscar os índices que contribuem para a compreensão do significado do texto), discutir sobre a seleção de temas para o estudo em projetos, expor suas ideias foram procedimentos e atitudes difíceis de realizar no início do trabalho. Eram adultos que tinham passado em algum momento por uma escola bem diferente da que propúnhamos.

No início, tentamos criar um espaço para que os educandos manifestassem seus interesses de estudo. Mesmo fornecendo listas de possibilidades, não conseguimos consolidar essa proposta. Ainda não se percebiam como pessoas com direito à escolha ou talvez compreendessem o que propúnhamos. Poder partilhar da escolha de um tema para estudo não ocorria na escola que conheciam. Era uma atitude que também fazia parte do processo de aprendizagem: resgate da autonomia, criticidade, liberdade de opinião e interesse, atitude tão diferenciada da situação de exclusão em que vivem.

Tinham que construir um novo conhecimento, que possibilitasse mudança de conhecimento de mundo e da escola. Coube à educadora demonstrar, a todo momento, que eles tinham conhecimentos importantes e evidenciar suas conquistas para que se percebessem aprendendo.

O apoio da educadora foi fundamental para que os alunos criassem segurança, percebessem seus esforços, melhorassem sua autoestima e se arriscassem na execução das atividades propostas.

Organizamos diferentes intervenções pedagógicas, propondo a mesma situação de aprendizagem para o grupo todo, mas diferenciando os encaminhamentos. No início, foi difícil e exigiu muito da educadora e dos educandos (alguns achavam absurdo dar um texto para quem não sabia ler). Nesse sentido, foi fundamental expor as normas estabelecidas para o funcionamento do grupo, para que percebessem a possibilidade de realizar o trabalho.

Trabalhar a partir dessa concepção pressupôs nova aprendizagem, por parte dos alunos, de suas próprias capacidades. Além de conceitos, fatos, procedimentos e atitudes, aprenderam a olhar para si mesmos, de outra forma. A educadora passou a entender que eles construíam muitos conhecimentos, mesmo sem ter passado pela educação formal. E eles também passaram a perceber que possuíam muitos conhecimentos importantes que deveriam transformar e aperfeiçoar.

Considerações finais

O trabalho aponta a viabilidade de uma prática em educação de adultos, que considera o texto (com sua diversidade social) como unidade básica do processo de ensino e aprendizagem da língua oral e escrita. Os alunos não alfabetizados que participaram do projeto construíram, no decorrer do processo, o domínio do sistema alfabético, através de situações que envolviam a leitura e escrita de textos de uso social.

Além de ineficaz, é limitador propor uma hierarquia: letras, sílabas, palavras, etc. As situações de aprendizagem, a partir de um processo de letramento, possibilitam o domínio do sistema alfabético.

Através do processo de letramento, os educandos iniciaram um processo de desenvolvimento da competência textual, ampliando a capacidade de produzir e interpretar textos orais e escritos, criando nova postura.

José: Hoje entendo melhor as coisas. Hoje eu pego o jornal e leio algumas coisas, isso para mim foi a melhor coisa que eu aprendi. O pouco que eu leio do jornal eu já entendo, o pouco que eu leio, eu vou refletir, eu vou pensar e aí vejo que está falando disso. Isso tudo faz com que a gente pense mais.

Vice: Eu aprendi a conversar, eu era enrolado e não sabia desenvolver as palavras, eu me desenvolvi muito... Quando você estuda você é mais respeitado.

Toni: O mais importante que eu aprendi foi dialogar com as pessoas e isso é muito importante em nossas vidas, aprendi também a escrever cartas, ler jornais...

Pedro: As coisas mais importantes que eu aprendi foram falar, escutar e respeitar os outros... Eu aprendi a ler e escrever uma história. Ficou bem mais fácil ler um jornal, um livro, qualquer coisa, porque agora eu estou entendendo a forma. Hoje, que estou estudando, eu pego uma plaqueta de motor e entendendo o jeito dele: o HP, as Ampères, com que chave eu vou ligar, com que fio eu posso fazer e dá para desenvolver bem o serviço, fico sem dificuldades.

Dida: Leio aqui na escola e um pouco em casa, pego um livro, leio, na rua eu olho as palavras e tento ler e tento escrever também. Hoje eu pego o jornal e tento ler, antes, eu não tentava ler jornal.

Edi: O mais importante que eu aprendi foi ver os nomes das ruas e dos bancos, porque isso eu preciso muito no meu trabalho. Antes, eu não sabia nem o que era uma placa, via aquilo e para mim não era nada. Hoje, eu chego, olho, sei o nome da rua e sei onde vou. Antes, eu saía procurando e ficava perdido sem saber nada... Antes, eu "colocava o dedão" e passava a maior vergonha na fila do banco, hoje, eu assino nota e recebo material. Eu vou ao cinema, vejo o que vai passar, eu consigo ler, vejo tudo.

No processo de aprendizagem da língua oral e escrita, vinculada aos textos de uso social, muitas mudanças ocorreram. Mais do que a linguagem, aprenderam a refletir sobre suas múltiplas funções de uso.

O processo de aprendizagem propiciou desenvolver melhor o trabalho; "enxergar" e utilizar textos do meio urbano, antes não vistos; fazer uso do jornal e se perceber pensando mais; a leitura de textos, fora da escola; aprender a escrever cartas, histórias, o próprio nome, etc.; sentir-se respeitado, melhorando a autoestima; expor suas opiniões, ouvir, respeitar os outros, comunicar-se com clareza, dialogar, como eles próprios relatam. Demonstram que a aprendizagem de conteúdos conceituais, procedimentais e atitudinais têm a mesma relevância, ou seja, para eles, aprender a escrever o nome foi tão importante quanto aprender a se comunicar com clareza, a pensar, a ler textos de uso social.

A organização dos conteúdos conceituais, procedimentais e atitudinais em Projetos possibilitou o estudo de uma diversidade de textos de uso social, em paralelo com o trabalho para o domínio do sistema alfabético e, ainda, o estudo de conteúdos de outras áreas, contribuindo para o trabalho com diferentes tipos de conteúdos em períodos menores de curso.

A aprendizagem da leitura e escrita a partir dos textos de uso social e vinculada aos conteúdos de outras áreas propiciou aos alunos compreensão das funções da língua e da leitura e a escrita, fora do espaço escolar, continuando a ler e escrever no seu cotidiano os textos de uso social (jornal, placas, dicionários, livros de literatura e informes científicos, músicas, cartas, poemas, contos de memória da infância, etc.).

Nesse sentido, foi importante validar os textos de uso social mais conhecidos e usados por eles (literatura de cordel, provérbios, contos, lendas, poesias, letras de músicas, receitas, cartas, etc.), sendo importantes para o processo de ensino e aprendizagem, bem como ampliar esse repertório com outros tipos de textos (informativos científicos, relatos históricos, biografias, crônicas, etc.), acreditando numa melhor possibilidade de aprendizagem da língua oral e escrita, durante o período em que permaneceram no projeto e no futuro, com autonomia.

Não estabelecemos conteúdos diferenciados, mas os encaminhamentos, as expectativas e a parceria da educadora procuraram atender às necessidades individuais, considerando que o processo de desenvolvimento tem continuidade na fase adulta. Isso contribuiu para que melhorassem a autoestima e considerassem o processo prazeroso, para apreciação, diversão, mais informação, compreensão, comunicação, autonomia e criticidade. Suas características individuais foram fatores determinantes para o processo de aprendizagem.

Nesse processo, o outro (educadora e educandos) que lê a produção escrita, que confirma e discute a compreensão do texto foi fundamental para que o educando se percebesse aprendendo e participasse com mais confiança dos atos de aprendizagem, em interação com o outro e com os sistemas simbólicos construídos socialmente. A escrita, um sistema simbólico, esteve presente no processo de aprendizagem, através de seu uso e função na sociedade.

Quanto à educadora, é necessário seu comprometimento com a pesquisa, para compreender as formas de construção de conhecimento dos alunos, os conteúdos, os princípios norteadores do trabalho, criar situações, tornar-se leitora e escritora competente, o que envolveu aprofundamento teórico, nova postura e parcerias no seu processo de formação em serviço.

Muitos educadores já trabalham a partir dessa concepção de Educação de Adultos, mas é preocupante a escassez de material sistematizado e específico.

Sentir-me-ei recompensada, se tiver colaborado, ainda que em parte, para o suprimento dessa lacuna.

Referências

ALMEIDA, Neide A. 1995. Sexta-Feira (o outro) e a Escrita Que Se Legitima: Um Olhar Sobre a Escrita do Adulto. Dissertação de Mestrado, PUC/SP.

AUSUBEL, David P.; NOVAK, Joseph D.; HANESIAN, Helen. 1980. O Significado e a Aprendizagem Significativa. In: Psicologia Educacional. Rio de Janeiro: Interamericana.

BOTTÉRO, Jean; MORRISON, Ken e outros. 1995. Cultura, Pensamento e Escrita. São Paulo: Editora Ática S.A.

CARVALHO, Célia P.; BEISIEGEL, Celso R.; FISCHER, Nilton B.; HADDAD, Sérgio. 1989. Educação de Jovens e Adultos Trabalhadores em Debate. São Paulo: CEDI.

CASTORINA, José A.; FERREIRO, Emília.; LERNER, Délia.; OLIVEIRA, Marta. Kohl de. 1995. Piaget e Vygotsky: Novas Contribuições para o Debate. São Paulo: Editora Ática S.A.

COLL, César. 1996. Psicologia e Currículo: Uma aproximação psicopedagógica à elaboração do currículo escolar. São Paulo: Editora Ática S.A.

_____ et al. 1992. Los Contenidos en la Reforma: Ensenãnza y aprendizaje de conceptos, procedimientos y actitudes. Madrid: Santillana S.A.

DEHEINZELIN, Monique. 1994. A Fome com a Vontade de Comer. Petrópolis, RJ: Vozes.

DI PIERRO, Maria C. 1992. Educação de jovens e adultos no Brasil: questões face às políticas públicas recentes. Brasília: MEC /INEP.

_____ 1993. Políticas Públicas de Atendimento. Palestra In: Encontro de Monitores de Alfabetização de Adultos Presos do Estado de São Paulo. Presídios e Educação. São Paulo, FUNAP.

DURANTE, Marta. & VÓVIO, Cláudia L. 1993. Diversidade de Textos no Processo de Alfabetização. Relatório apresentado ao Concurso Brasileiro de Reflexões em Alfabetização. Rede Latino-Americana de Alfabetização.

FAZENDA, Ivani C.A. 1994. Fundamentos de uma Prática Interdisciplinar, a partir da Tese: Interdisciplinaridade: Um Projeto em Parceria. In: Interdisciplinaridade: O Pensado o Vivido. Educação'92. UFMT.

FERREIRO, Emília y equipo. 1983. Los Adultos no-alfabetizados y sus conceptualizaciones del sistema de escritura. In: Cuadernos de Investigaciones Educativas nº 10. México: Departamento de Investigaciones Educativas Centro de Investigación y de Estudios Avanzados del I.P.N.

_____ 1992. Os Filhos do Analfabetismo. Proposta para a Alfabetização Escolar na América Latina. Porto Alegre: Artes Médicas.

FERREIRO, Emília & TEBEROSKY, Ana. 1985. Psicogênese da Língua Escrita. Porto Alegre: Artes Médicas.

FREIRE, Paulo. 1991. A Educação na Cidade, São Paulo: Cortez Editora.

_____ 1994. Cartas a Cristina, São Paulo: Editora Paz e Terra.

_____ 1994. Pedagogia da Esperança - Um reencontro com a Pedagogia do Oprimido, São Paulo: Editora Paz e Terra.

GOODMAN, Kenneth S. 1991. Unidade na Leitura - Um Modelo Psicolinguístico Transacional. Porto Alegre: Letras de Hoje, v.26, n.4.

HADDAD, Sérgio & DI PIERRO, Maria C. 1994. Diretrizes de Política Nacional de Educação de Jovens e Adultos. Consolidação de Documentos. São Paulo: CEDI.

HADDAD, Sérgio & RIBEIRO, Vera M.S. 1994. Pós-Alfabetização na América Latina: algumas reflexões. In: Alfabetização e Cidadania. Curitiba: RAAAB.

_____ 1992. Tendências atuais na educação de jovens e adultos. Brasília: MEC/INEP.

HARA, Regina. 1988. Alfabetização de Adultos: ainda um desafio. São Paulo: CEDI.

KAUFMAN, Ana. M. & RODRÍGUES, María. E. 1995. Escola, leitura e produção de textos. Porto Alegre: Artes Médicas.

KLEIMAN, Angela B. (org.) 1995. Os significados do Letramento. Campinas: Mundo das Letras.

KOCH, Ingedore G.V. & TRAVAGLIA, Luiz C. 1993. Texto e Coerência. São Paulo: Cortez.

LEONTIEV, Alexis. 1978. O Homem e a Cultura. 261-284. In: O desenvolvimento do psiquismo. Lisboa: Livros Horizonte Ltda.

LERNER, Délia. & SADOVSKY, Patricia. 1994. Didática de la Matemática, Buenos Aires: Editora Paidós.

LIMA, Simone G. 1993. A Mediação Semiótica na Produção de Texto: Um Estudo de Caso da Alfabetização de um Adulto. Dissertação de Mestrado, Universidade de Brasília.

LÜDKE, Menga & ANDRÉ, Marli E. D. A. 1986. Pesquisa em Educação: Abordagens Qualitativas. São Paulo: Editora Pedagógica e Universitária.

LURIA, Alexander R. 1992. Diferenças Culturais de Pensamento. 63-85. In: A Construção da Mente. São Paulo: Ícone.

MIRAS, Mariana. 1993. Un Punto de Partida para el Aprendizaje de Nuevos Contenidos: Los Conocimientos Prévios. In: COLL, César *et al*. El Constructivismo en el Aula. Barcelona: Graó Editorial.

OLIVEIRA, Marta Kohl de. 1991. O Pensamento de Vygotsky na Psicologia Soviética. São Paulo, Trabalho apresentado no II Congresso Latino-Americano e I Congresso Brasileiro de Neuropsicologia.

_____ 1992. Analfabetos na Sociedade Letrada: diferenças culturais e modos de pensamento. In: Revista Travessia, 17-20.

_____ 1993. Vygotsky, Aprendizagem e Desenvolvimento, um Processo Sócio-Histórico. São Paulo: Scipione.

PALACIOS, Jesus. 1995. Introdução à Psicologia Evolutiva: História, Conceitos Básicos e Metodologia. 9-26. O Desenvolvimento Após a Adolescência. 306-21. In: PALACIOS, Jesus.; COLL, César.; MARCHESI, Alvaro (org.). Desenvolvimento Psicológico e Educação - Psicologia Evolutiva. Porto Alegre: Artes Médicas.

PALACIOS, Jesus; Coll, César; MARCHESI, Alvaro.(org.) 1995. Desenvolvimento Psicológico e Processos Educacionais. 325-39 In: Desenvolvimento Psicológico e Educação - Psicologia Evolutiva. Porto Alegre: Artes Médicas.

PALANGANA, Isilda C. 1989. Desenvolvimento e Aprendizagem: Piaget e Vygotsky: A Relevância do Social Numa Perspectiva Interacionista. Dissertação de Mestrado, PUC/SP.

PARÂMETROS CURRICULARES NACIONAIS PARA O ENSINO FUNDAMENTAL - LÍNGUA PORTUGUESA. 1995. São Paulo: MEC, versão/out.

REFERÊNCIA CURRICULAR PARA A EDUCAÇÃO DE JOVENS E ADULTOS. 1996. São Paulo: Ação Educativa/MEC.

RATTO, Ivani. 1995. Ação Política: Fator de Constituição do Letramento do Analfabeto Adulto. 267-94. In: KLEIMAN, A.B. (org.) Os Significados do Letramento. Campinas: Mercado de Letras.

REGO, Tereza C. 1995. Vygotsky - Uma Perspectiva Histórico-Cultural da Educação. Petrópolis, RJ: Vozes.

RIBEIRO, Vera M.S.; NAKANO, M.; JOIA, Orlando.; HADDAD, Sérgio. 1992. Metodologia da Alfabetização: Pesquisa em Educação de Jovens e Adultos. São Paulo: Papirus.

SCHUDER, Ted; CLEWEL, Suzanne F. y JACKSON, Nan, J. 1990. Captar lo esencial en un texto expositivo /cap. V. In: MUTH, Denise K. El Texto Expositivo. Argentina: Editor S/A.

TOLCHINSKY LANDSMANN, Liliana T. 1990. Lo práctico, lo científico y lo literario. Tres componentes en la noción de "alfabetismo". In: Comunicación, Lenguaje y Educación. Universidad de Barcelona.

_____ 1995. Aprendizagem da Linguagem Escrita. São Paulo: Editora Ática S.A.

VYGOTSKY, Lev S. 1989. A Formação Social da Mente. São Paulo, Martins Fontes.

_____ 1987. Pensamento e Linguagem. São Paulo: Martins Fontes.

ZABALA, Antoni. 1993. Los Enfoques Didácticos. In: COLL, César *et al.* El Constructivismo en el Aula. Barcelona: Graó Editorial.